高管员工薪酬差距与创造性产出

——基于董事长特征的视角

宋文洋◎著

GAOGUAN YUANGONG XINCHOU CHAJU
YU CHUANGZAOXING CHANCHU
JIYU DONGSHIZHANG TEZHENG DE SHIJIAO

中国财经出版传媒集团
中国财政经济出版社

图书在版编目（CIP）数据

高管员工薪酬差距与创造性产出：基于董事长特征的视角／宋文洋著．—北京：中国财政经济出版社，2017.12

ISBN 978-7-5095-7745-5

Ⅰ.①高…　Ⅱ.①宋…　Ⅲ.①企业管理-工资差额-研究-中国　Ⅳ.①F279.23

中国版本图书馆CIP数据核字（2017）第230775号

责任编辑：高树花　段　钢　　　　责任印制：杨　军

封面设计：孙俪铭　　　　责任校对：杨瑞琦

中国财政经济出版社 出版

URL：http：//www.cfeph.cn

E-mail：cfeph@cfeph.cn

社址：北京市海淀区阜成路甲28号　邮政编码：100142

营销中心电话：88190406　北京财经书店电话：64033436　84041336

北京财经印刷厂印刷　各地新华书店经销

787×1092毫米　16开　14印张　210 000字

2017年12月第1版　2017年12月北京第1次印刷

定价：58.00元

ISBN 978-7-5095-7745-5

（图书出现印装问题，本社负责调换）

本社质量投诉电话：010-88190744

打击盗版举报热线：010-88190492、QQ：634579818

前　　言

创造性是企业长期发展的动力，促进创造性产出是企业激励机制的关键任务。高管员工间的薪酬差距同时涉及高管和员工两个群体的激励问题，它既可能通过引发竞争促进产出，又可能因涉及薪酬不公平而妨碍产出；而竞争状态和组织公平对员工的创造性产出水平也同时具有影响，为此，高管员工薪酬差距可能会因其具有的竞争性和公平性特征影响企业创造性产出水平。而且，与以绝对额进行业绩评价确定薪酬的激励机制相比，高管员工薪酬差距通过相对业绩评价和报酬比较实施激励，有助于节约监控成本，对激励内隐性较强的雇员创造性活动具有较高的效率优势。为此，高管员工间薪酬差距与创造性产出间的关系可能具有一定研究价值。此外，作为中国上市公司中最重要的领导，董事长出于对组织目标和激励机制的关注，可能会影响薪酬差距竞争性和公平性以调节薪酬差距的激励效率和效果，进而，董事长个人特征所反映的领导行为可能会在薪酬差距与创造性产出的关系上表现出不同的调节作用。

本书首先借鉴了两种激励理论——锦标赛理论和公平理论关于薪酬差距与产出关系的分析框架，并整合了以往研究思路，以中国制造业上市公司数据实证检验了高管员工薪酬差距竞争性和公平性对创造性产出的综合激励效应；其次，又分析了董事长的个人特征反映的领导行为对薪酬差距竞争性和公平性的调节倾向和力度，并实证检验了其在薪酬差距与创造性产出关系中的调节作用；最后，还以信息产业的龙头企业中兴通讯为案例进行了验证性分析。

本书的研究目的在于，首先，同时分析高管员工薪酬差距这种激励机制对创造性产出所能激发的竞争效应和公平效应，以期更为全面地理解高管员工薪酬差距的相对业绩评价和报酬比较措施在激励企业创造性产出中的作用；其次，从企业最具影响力的领导行为因素入手，探讨董事长在高管员工薪酬差距激励创造性产出过程中的作用。

本书的主要结论包括：

(1) 理论分析表明，作为同时针对不同群体的外部激励措施（外部动机），高管员工薪酬差距设定是实现促进创造性产出这项组织目标的重要环节，薪酬差距的合理设定需兼顾竞争性和公平性。薪酬差距的公平性是激发雇员创造性活动的前提条件，竞争性则为发动雇员的创造性活动提供动力支持，两者缺一会导致薪酬差距对创造性产出的激励障碍发生。侧重薪酬差距公平性忽视竞争性，雇员实施创造性活动的动力往往不足，而侧重竞争性忽视公平性，则可能会降低雇员的组织承诺，甚至背离组织目标。因此，薪酬差距设定需合理兼顾竞争性和公平性，以促进创造性产出的组织目标实现。领导行为能影响薪酬差距竞争性和公平性特征，进而能调节薪酬差距的激励效果和效率。作为中国上市公司中最重要的领导，董事长的个人特质所反映的领导行为使其在影响薪酬差距竞争性和公平性时表现出差异性，进而会在薪酬差距与创造性产出的关系上表现出不同的调节作用。

（2）实证结果表明，在其他条件不变的情形下，总体上，高管员工薪酬差距与创造性产出间呈现显著正相关关系，薪酬差距越大，创造性产出越高。这表明，相比已获更多关注的来自雇员自身的内部工作动机而言，薪酬作为外部激励因素，可能也能对雇员创造性活动产生一定的激发作用，高管员工间的薪酬差距可能会同时激励不同群体的创造性活动，使企业创造性产出得到提升。并且，薪酬差距对创造性产出的激励还具有一定的延续性，除了能影响当期创造性产出外，对后续期间的创造性产出也有促进作用。

（3）实证结果表明，董事长个人特征对高管员工薪酬差距与创造性产出关系具有一定调节作用。具体来看，董事长在位时间越长越有助于形成竞争性和公平性兼顾的高管员工薪酬差距，能正向调节高管员工薪酬差距与创造性产出间的关系；年长的董事长比年轻的董事长更有助于形成竞争性和公平性兼顾的高管员工薪酬差距，能正向调节高管员工薪酬差距与创造性产出的关系；董事长学历越高越倾向于形成公平性强但竞争性弱的薪酬差距，会负向调节高管员工薪酬差距与创造性产出间的关系；董事长兼职不利于形成和贯彻兼具竞争和公平的薪酬差距，会负向调节高管员工薪酬差距与创造性产出间的关系。这表明，董事长个人特征是影响高管员工薪酬差距激励创造性产出的重要调节变量，领导行为的差异可能会增强或减弱薪酬差距对创造性产出的激励效应。

作者

2017 年 8 月

目 录

第一章 绪 论

组织中的创造性是其长期发展的动力和源泉，为此，促进创造性产出通常是企业重要的组织目标之一。这个目标的实现有赖于对企业高管和员工进行有效的业绩评价和激励。高管和员工的薪酬水平是其各自业绩评价系统形成的结果，也综合反映了其业绩评价的过程和目的。薪酬本身除了具有保健作用外，还具有一定的激励功能，而高管员工间的薪酬差距则往往可以被看作是一种同时针对高管和员工两个群体的激励机制。当高管员工薪酬差距被设定在某个水平时，即意味着通过相应的业绩评价系统，企业对高管和员工确立了特定的、期望将他们的动机与业绩相联系的激励机制。在这种激励机制中，薪酬差距的设定是中心环节。

但高管员工间的薪酬差距可能会对他们的心理和行为引发不同反应，这使薪酬差距对创造性产出的激励效应往往呈现出较为复杂的局面。当所设定的薪酬差距引发了员工间的竞争，刺激员工（为获得更高薪酬）施加了更多投入，那么就会最终促进企业绩效提高，激励目标将可能得以实现，我们不妨将此称为薪酬差距的竞争性效应。但与此同时，薪酬差距也可能涉及薪酬不公平，人普遍具有公平偏好，当雇员感到不公平时，他可能实施反生产行为，并进而导致企业产出减少，促进产出的组织目标就难以实现，我们对应地将此称为薪酬差距的公平性效应。总的看来，薪酬差距对绩效的激励可能会大致指向上述两种不同方向。当研究中所关注的影响因素不同时，就可能会导致对薪酬差距与产出关系的不同理解。有的研究重视薪酬差距可能带来的竞争作用以及与之对应的对产出的正向促进效应；有的研究从人的公平偏好出发，侧重研究的是薪酬差距涉及的不公平可能对员工引发的负激励问题。如此，虽然依照不同理论，可以在假设其他因素不变时，对薪酬差距与产出关系的正负方向做一个总体描述，但要全面理解两者关系，同时关注薪酬差距的竞争性和公平性以及它们对绩效的不同激励方向和效果可能更为重要。

第一节　主要研究问题和研究的意义

一、研究背景和研究动机

（一）高管员工薪酬差距竞争性对促进企业产出具有重要的影响

从业绩评价角度看，高管员工间薪酬差距本质上是个激励问题。薪酬差距的设定，主要是试图通过在不同雇员之间设立差异化薪酬，引发雇员们的竞争，从而实现提高产出的目的。从这个意义上看，薪酬差距的竞争性能刺激雇员保持较高水平的工作动机、增加投入，对促进企业产出具有影响。但新中国成立后的很长一段时期内，我国一直推行的是“平均主义”和“大锅饭”的分配方式，高管员工间的薪酬差距很小，薪酬差距的竞争性差。而现实也表明，长期以来仅主要依靠精神激励雇员的工作动机促使其增加投入的做法收效甚微，在此情形下，不论高管还是员工的工作积极性都不高，不利于企业产出的提高。而且，当薪酬差距过低时，高管往往有较大动机寻求其他途径获取补偿，如构建“企业帝国”，在一系列的扩张过程中获取私人收益或隐性收益，直接或间接侵害企业和职工权益，这会进一步引发员工不满，助长消极怠工等反生产情绪或行为的发生。

随着以市场为导向的企业改革的启动和日益深入，高管员工薪酬差距过低、竞争性弱的问题开始不断得到关注和讨论。企业高管员工间的薪酬差距开始逐步拉开，高管薪酬设计开始显现出了一些与其业绩关联的明显的激励特征。至1997年，国有企业高管实行年薪制已成为一种最重要的薪酬安排（Yueh，2004）；在企业内部的薪酬设计上，也有学者指出薪酬水平应体现职位重要性，并倡导建立个人能力导向和工作业绩导向的人力资源管理文化（曾湘泉，2002）。而随着高管员工间薪酬差距的不断拉大，其激励本质和作用也开始受到重视。薪酬水平的初始设定及动态变化通常是在一定的人力资源政策下，由企业业绩评价系统生成，不同人员薪酬水平的高低综合反映了对其进行的业绩评价过程和目的。一定的薪酬水平以及不同人员间的薪酬差距也就相应表现出不同的激励特征。当高管员工薪酬差距被设定在某个水平时，即意味着通过相应的业绩评价系统，组织对高管和员工确立了特定的、期望将他们的动机与业绩相联系的激励机制。这个水平的薪酬差距也就成为业绩评价与激励的组织目标，当它具有足够的竞争性时，即可能刺激雇员为获得更高薪酬而施加更多投入，并最终促进企业绩效提高。

（二）高管员工薪酬差距不公平已成为社会热议的焦点之一

伴随着“平均主义”和“大锅饭”分配方式的逐步破除，地区、城乡、行业乃至企业内部高管和员工间各个层面上的收入分配逐步拉大，带来了更高的经济效率和更多的产出。但随着差距的逐步扩大，收入分配差距引发的公平问题也受到了广泛地热议。2008年，媒体报道了平安保险董事长马明哲年薪高达6600万的消息，之后，2009年国泰君安“人均百万年薪”的消息也经媒体曝光，高管员工薪酬差距开始受到社会多个方面的广泛关注，从相关政府部门、多研究领域的学者到普通民众都或多或少地参与了讨论。在热议中，北京、上海、河南等地的工资指导线在2008年就有了明显提高；2009年2月，财政部则下发《金融类国有及国有控股企业负责人薪酬管理办法（征求意见稿)》，对国有金融企业高管实施最高年薪280万元人民币的限制；2009年9月，人力资源和社会保障部等六个部委又共同下发了《关于进一步规范央企负责人薪酬管理的指导意见》，对央企高管最高薪酬实施限制。行政限薪举动可谓反应及时、出手迅速，但还是受到了行政干预是否得当、指导意见操作性不强、难以落到实处等诸多质疑。实际上，自2002年高管大幅实行年薪制以来，伴随着高管员工间的薪酬差距不断扩大，2004年之后，几乎每年都可见到针对不同程度、不同范围的国有企业高管薪酬进行限制的行政性文件[①]。2009 年全国总工会就职工收入所作的专项调查数据显示，国企高管与职工收入差距过大，75.2%的职工认为当前收入分配不太公平，有 61%的职工认为普通劳动者收入过低是当前社会收入分配中最大、最突出的问题。2011 年 12 月 1 日，由人力资源和社会保障部主办的第四届中国劳动论坛所发布的报告也再次提示，近年来我国在行业企业间差距、城乡间差距、地区差距、高管和普通职工差距都在不断扩大，应引起社会重视。其中，2010 年上市公司高管年薪平均值为 66.8 万元，是当年全国平均工资的 18 倍多。2014 年，国家统计局通过一套表联网直报平台对不同岗位工资情况进行了调查，涉及 16 个行业门类的 91 万多家企业法人单位。调查单位就业人员按工作岗位分为中层及以上管理人员，专业技术人员，办事人员和有关人员，商业、服务业人员，生产、运输设备操作人员及有关人员 5 类，主要调查数据如表 1.1 所示。从表中可知，全部调查单位就业人员年平均工资为 49969 元，其中，中层及以上管理人员平均工资最高，是全部就业人员平均水平的 2.20 倍；岗位平均工资最高与最低之比为 2.70。2015 年，美国《华盛顿邮报》引用知名咨询公司合益集团的数据称，在该公司研究的 63 个国家中，有 2/3 的国家的高级管理者与低层员工之间的薪酬差距正在扩大，而目前最大的薪酬差距是在中国，前者收入是后者的 12.7 倍[②]。2010 年，我国的基尼系数已超过了 0.5，而来自世界银行的报告则宣称，中国已经成为全球两极分化最严重的国家，2012 年以来，虽然基尼系数有逐步缩小下降趋势，但中国的收入差距问题仍

① 如 2002 年国资委关于央企高管薪酬不得超过职工平均工资 12 倍的规定；2009 年财政部出台的《金融类国有及国有控股企业负责人薪酬管理办法（征求意见稿）》，明确把国有金融企业负责人最高税前年薪规定为 280 万元人民币；2009 年，人力资源和社会保障部会同组织部、监察部、财政部、审计署、国资委等单位联合下发的《关于进一步规范中央企业负责人薪酬管理的指导意见》。

② 报告中所指薪酬差距是审视熟练工人、工厂生产督导或刚毕业者的薪酬中位数，并将其与一名高级管理者的收入进行比较。报告称其中的高级管理者指的是“比首席执行官低几级、常常是刚开始被人称作‘主管’的级别”。

相当严峻①。在此背景下，党的十八届五中全会明确提出要缩小收入差距，坚持居民收入增长和经济增长同步、劳动报酬提高和劳动生产率提高同步，健全科学的工资水平决定机制、正常增长机制、支付保障机制，完善最低工资增长机制，完善市场评价要素贡献并按贡献分配的机制。可以说，在贫富分化加剧的背景下，从社会、人文以及政治角度看，高管员工间的薪酬公平性近年来持续处于令人瞩目的焦点状态。

表 1.1　2014 年分地区分岗位就业人员年平均工资　单位：元

地　区	就业人员	中层及以上管理人员	专业技术人员	办事人员和有关人员	商业、服务业人员	生产、运输设备操作人员及有关人员
合计	49969	109760	66074	47483	40669	42914
东部	54244	125910	75446	52236	45386	44532
中部	42450	79238	51013	39365	33427	39488
西部	46836	94219	57638	43569	34883	43133
东北	43441	88931	52141	41670	34124	39143

资料来源：国家统计局网站 http：//www.stats.gov.cn/tjsj/zxfb/201505/t20150527_1110637.html。

归纳起来看，近年来，我国现实中的高管员工薪酬差距的现象以及相应的影响主要表现为，高管薪酬水平的增幅逐年显著提高，两者间薪酬差距呈持续扩大趋势，而这经由媒体曝光、聚焦乃至放大后，更加剧烈地刺激和挑战着大众神经，为稳定公众情绪、促进社会和谐，政府屡屡抛出限薪指令，以行政手段积极调节分配公平，但却屡限不止，收效甚微。高管员工薪酬差距的公平性以及相应的后果、可能的政策引导和实施已成为极具现实意义的一个论题。

（三）兼顾高管员工薪酬差距竞争性和公平性对提高绩效具有重要意义

有效地进行业绩评价与激励可被看作是一项重要的组织目标，这

① 来自国家统计局公布的数据显示，2012～2016 年国内居民收入基尼系数分别为 0.474、0.473、0.469、0.462 和 0.465。

一目标的实现往往以是否促进了绩效为标准。作为一种激励机制，高管员工薪酬差距的设定正是实现这一组织目标的重要环节。高管员工间的薪酬差距应具有足够的竞争性，这样才可能刺激雇员施加更多投入，进而促进企业绩效提高；但同时，薪酬差距还应保持公平性，否则可能引发雇员反生产情绪，减少投入，不利于激励目标的实现。综合起来看，即要求薪酬差距设定需同时兼顾竞争性和公平性特征，这也是对组织目标制定原则的遵循。通常，一项组织目标制定时应遵循使雇员工作动机足够高以及使其能够并愿意接受两个重要原则（Schaffer，2007）。薪酬差距的公平性可被看作是薪酬差距激励机制在实现组织目标时的基础条件，因为公平地被组织和雇主对待是员工心理契约的重要内容，薪酬差距公平性是构成激励的前提；另外，竞争性也应被看作是薪酬差距激励机制在实现目标时的重要条件，因为它能激起雇员足够高的工作动机，为激励提供动力。当薪酬差距的公平性和竞争性被合理兼顾时，薪酬差距这项激励机制则更可能发挥作用，促进绩效。

从现存薪酬差距激励效应的文献看，有的研究（主要以锦标赛理论为基础）重视薪酬差距可能带来的竞争作用以及与之对应的对创造性产出的正向促进效应；有的研究（主要以行为理论为基础）从人的公平偏好出发，侧重研究的是薪酬差距涉及的不公平可能引发的员工负激励问题。而要全面理解两者关系，同时关注薪酬差距的竞争性和公平性及其对绩效不同的激励方向和效果可能更为重要。

（四）正向激励创造性产出是提高企业总绩效的关键

创造性在心理学领域里是一个引起了广泛兴趣的主题，同时它也是社会学和组织科学领域的研究主题（Gilmartin，1999）。创造性产出是从产出角度对创造性的衡量，它是企业产出的重要组成部分，也是企业产出中最具活性和潜力的部分。组织中的创造性产出可以解释为，不同个体在复杂的系统中一起工作而带来的价值的产生，是新颖又有用的产品、服务、过程、方法、思想等的产出形式（Amabile，1983；Sternberg，1988；Woodman et al.，1993；Amabile et al.，

1996；Burleson and Selker，2002）。对于创造性产出水平而言，不论是只对现有的思想进行调整、重新组合或进行扩展的创造，还是进行根本的、激进的变革方面的创造，不同程度、不同价值的创造性产出其实都是企业需要的（Mumford and Gustafson，1988）。Amabile 也曾指出，创造性水平是呈连续分布的，从微小的改进到最高水平的创造，它们量上存在差异，甚至质上也有分别，但创造性产出发生的机制是相同的。普通人在适当的情境下一般也都可以得出中等程度以上的创造性绩效（Amabile，2000）。显而易见，创造性产出不仅可以通过“小改小革”等形式在短期内迅速增加企业产出，还可以通过重大的技术和管理变革等形式在较长时期内为企业发展提供源动力，持续增加企业产出。有效激励创造性产出是提升企业总产出的重要途径和关键所在，具有重要的研究价值。

近几十年来，社会心理学学者在基础的层面先后提出了多种理论及模型探讨环境对个体创造性的影响，组织行为学学者在应用层面也积极探讨了影响员工创造性行为的组织环境因素及其作用机制，在这些研究的推动下，创造性产出研究日益成为激励研究领域中的新焦点。不过，现有会计学领域关于薪酬差距与企业绩效的大样本研究中，几乎都采用了资产报酬率等企业财务绩效作为被解释变量。企业财务绩效是最为综合性的企业产出指标，衡量的内容较为全面，但同时也较为模糊。创造性产出是企业全体员工充分发挥工作积极性和自身努力产生的绩效，创造过程凝结的脑力劳动和复杂劳动强度大、内隐性强、不易监督，更多地属于人员绩效范畴。相比那些由物质资料转化所形成的企业产出部分，会更直接受到薪酬差距的刺激。而实际上，作为自变量的高管员工薪酬差距首要和主要的是对企业绩效中人员绩效发生作用，之后才传递影响企业绩效。因此，开展以创造性产出作为薪酬差距对绩效激励效应的结果变量的研究值得尝试。

（五）董事长特征对高管员工薪酬差距竞争性和公平性的影响

在不同组织情境因素下，薪酬差距设定时所体现的公平性和竞争性可能不同，即薪酬差距公平和竞争程度会受到组织情境因素的调节，领导行为可能正是这样一种组织情境因素。出于协调薪酬差距目标在组织各成员中的一致性、平衡高管和员工两大群体利益的动机和需要，企业领导可能会利用其权力和影响力对两者薪酬水平以及两者间的薪酬差距进行调节和干预，进而影响薪酬差距公平性和竞争性。我国上市公司大多脱胎于国有企业，普遍存在控股股东，董事长是大股东控制企业经营的关键人物，因此，董事长的领导行为可能是调节高管员工薪酬差距竞争性和公平性的重要因素。但个人特征不同的董事长调节薪酬差距竞争性和公平性的能力、调节两种性质的倾向和力度可能不同，因为现实中人是有限理性的并具有心理偏差，而这些有限理性和心理偏差往往与个人的背景特征紧密相连。因此，董事长的个人特征所反映的领导行为对薪酬差距具有的竞争性和公平性的调节力度以及倾向可能会不同。据此，分析董事长的个人特征对高管员工薪酬差距竞争性和公平性的调节作用，考察其在薪酬差距与绩效间的调节作用可能有一定研究可行性和必要性。

二、主要研究的问题

（一）基本概念的界定

1. 薪酬

薪酬（compensation）通常是指个人因付出劳动而获得的各种类型的回报。狭义地看，薪酬主要表现为个人获得的以金钱形式或实物形式支付的工资、奖金等经济性的劳动回报，也可简称为货币薪酬。更广义地看，薪酬甚至也可包括在工作环境、发展空间等方面获取的、引起心理满足感的非经济性的劳动回报，如获得的在职培训、优越的工作环境和氛围等，是非货币性报酬。如 Wally Nichols（2006）认为薪酬可以包括四个方面：基本薪金、福利、工作环境以及学习和培训①；赵兰香（2004）将薪酬划分为包括工资性收入和福利在内的

① 兰斯 A. 伯杰（Lance A. Berger），多萝西 R. 伯杰（Dorothy R. Berger）著．文跃然，周欢，欧阳杰，朱飞译．薪酬手册．清华大学出版社，2006。

经济薪酬，以及包括软、硬工作环境及工作本身提供的乐趣和发展空间在内的非经济薪酬。

采用公开二手档案数据进行的实证研究中限于非货币性薪酬难以准确计量，多采用狭义的货币薪酬概念。而在货币薪酬中，通常又主要包括长期的股权激励薪酬和短期的基本货币薪酬部分。我国自2006年开始在法律意义上正式确立了股权激励契约的货币薪酬方式①，随后，陆续有上市公司发布股权激励方案但数量有限，而且多是针对高管，对员工的股权激励薪酬方案较少。至2016年，中国证监会发布并实施了《上市公司股权激励管理办法》，对股权激励相关问题做了较为明确的规定，累计发布股权激励方案的上市公司也近千家，可以预期，未来上市公司股权激励方式会日益普遍和规范，但目前尚需时日发展。鉴于此，现阶段，我国学者以中国上市公司为研究对象计量高管员工薪酬差距时所采用的薪酬通常不包括股权激励。为此，本书中薪酬计量口径选取狭义的货币薪酬概念，并且不包括股权激励薪酬部分（仅在中兴通讯案例部分有所涉及），同时考虑计量的简单可行性，仅选取现金形式的货币薪酬。

2. 高管

通常认为，高管应该是一个群体，或者被称为高管团队。Finkelstein 和 Hambrick（1996）曾指出，高层管理团队是处于企业最高战略制定与执行层的高层经理群体，负责组织与协调，拥有较大的经营决策与控制权。但根据这样的描述，还是很难对高管团队成员进行具体识别，可能需要由CEO根据实际情况判断。我国《公司法》规定，高级管理人员是指公司的经理、副经理、财务负责人，上市公司董事会秘书和公司章程规定的其他人员，这种界定并不包括董事和监事。而国内外学者在研究高管薪酬时，有时还会进一步将高管团队划分为CEO级别与非CEO级别，CEO级别通常包括董事长与总经理，其他成员归入非CEO级别。还有一种更为广义的对高管外延的界定，即将全部董事、监事和经理都包括进高管群体中。总的来看，目前国内

① 2006年1月17日，国务院国资委和财政部联合下发了《国有控股上市公司（境外）实施股权激励试行办法，标志着国有企业股权激励改革的正式启动。

外研究中对于高管的界定并没有统一标准，大多根据研究目标和样本权宜确定。

我国上市公司大多脱胎于国有企业，而且普遍存在控股股东，董事长是最具权力和影响力的领导者。本书涉及董事长特征对高管员工薪酬差距竞争性和公平性的影响，而我国上市公司中的董事长不在公司领薪的现象又较为普遍（谌新民和刘善敏，2003），因此董事长评价经理层与员工间薪酬差距可能相对超脱（后续计量时，我们剔除了董事长和总经理两职合一的样本），因此本书中所称“高管”并不包括董事长，而是遵从《公司法》的描述，仅指那些从事日常管理工作的高级管理人员，也不包括董事和监事；另外，如未加指明，高管层、经理层和管理层表示相同含义。

3. 创造性产出

创造性产出是从产出角度对创造性的衡量，它往往是企业产出中最具活性和潜力的部分。目前在学术研究领域，较有影响的创造性概念主要有两种，第一，侧重创造的心理过程，认为创造性是一种令人们想出新颖和有用想法的心理过程（Mayer，1999）。第二，侧重创造性的产出结果，认为创造性是指那些新颖的产品和有用的想法或措施（解决问题的方案）（Amabile，1983；Sternberg，1988；Woodman et al.，1993；Amabile et al.，1996；Burleson and Selker，2002）。这一界定目前在组织行为学领域已经获得了较为一致的认同。本书采用第二种界定方法。即认为组织中的创造性指那些新颖又有用的产品、服务、过程、方法、思想或解决方案。这一概念强调组织中的创造性不仅应该是新奇的，而且必须对企业现存状况具有适用性（Amabile，1997）。

与之含义较为相近的一词还有创新（innovation）。不少学者指出，创新更多时候是指创造性思想的成功实施（Oldman and Cummings，1996；Zhou，1998；Wood，2003；Woodman et al.，1993）。从这个角度看，创造性产出是对创造性更基础的描述，是创新的基石和起点，是成功创新的必要不充分条件（Amabile et al.，1996）。

（二）主要研究内容

以往研究文献中多侧重采用薪酬差距竞争性或者公平性的单一属性对产出激励的分析框架，本书试图整合以往研究思路，同时关注高管员工薪酬差距竞争性和公平性的双重属性及其对创造性产出的激励效应；此外，本书结合中国制度背景，分析最为重要的企业领导者——董事长的个人特征反映的领导行为调节薪酬差距竞争性和公平性的倾向和力度，以制造业上市公司数据实证检验董事长特征在薪酬差距与创造性产出关系中的调节作用，并选取信息产业龙头企业中兴通讯股份有限公司作为案例公司，对其近10年来薪酬差距现状与创造性产出关系及董事长个人特征对其关系的影响实施了案例分析。

根据以上分析，本书拟提出以下研究问题。

（1）薪酬差距竞争性和公平性对创造性产出的影响。

当薪酬差距对产出发生作用时，单一地、侧重于分析竞争性或公平性可能并不全面，那么，同时关注竞争性和公平性是否能对薪酬差距激励效应发生路径更好理解？竞争性和公平性在薪酬差距激励创造性产出过程中各自都具有什么样的作用？竞争性和公平性如何同时作用于薪酬差距对创造性产出的激励效应过程中呢？综合考虑竞争性和公平性后，薪酬差距与创造性产出间的总体关系可能会是什么情形？

（2）董事长特征对高管员工薪酬差距竞争性和公平性的影响及其在薪酬差距与创造性产出关系中的作用。

董事长特征是否影响高管员工薪酬差距的竞争性和公平性？通过何种手段和方法影响？这种影响是否会调节薪酬差距与创造性产出间的关系？是增强还是会减弱薪酬差距与创造性产出间的关系？

（三）研究意义

从业绩评价与激励层面看，薪酬差距是一种激励机制，其试图通过在不同雇员之间设立差异化薪酬，引发雇员们的竞争，并由此带动企业产出的增加。但同时，差异化薪酬也涉及薪酬不公平问题，可能会引起雇员反感及相应的反生产行为，并可能导致企业产出的减少。创造性产出是企业产出中最具活性和潜力的部分，而且其更多涉及人员绩效，容易受到雇员工作动机和情绪的直接影响，由此，薪酬差距对创造性产出的激励效应问题可能值得探讨。本书的研究意义具体体现在以下几个方面：

（1）在现有研究中，大多单一地侧重于薪酬差距的某种性质，探讨其与企业产出的关系，有的研究（主要以锦标赛理论为基础）重视薪酬差距可能带来的竞争作用以及与之对应的对产出的正向促进效应；有的研究（主要以行为理论为基础）从人的公平偏好出发，侧重研究的是薪酬差距涉及的不公平可能引发的员工负激励问题。本书同时关注薪酬差距的竞争性和公平性两种性质，通过分析这两种性质在激励创造性产出过程中的不同作用，可能有助于在理论上进一步描述薪酬差距与创造性产出间的完整关系，并推动薪酬差距激励机制的改进，促进创造性产出提升。

（2）本书选用了企业创造性产出作为结果变量，创造性产出是企业产出中最具活性和潜力的部分，考察其激励效应将增加薪酬差距对企业产出影响的研究类别和文献，有助于扩展以往研究中结果变量多限于企业绩效的局面。而且，创造性产出更多的是由员工充分发挥其积极性和自身能力产生的，属于人员绩效，而薪酬差距对于产出的影响也主要是对人员绩效发生作用，再进而传递影响综合的产出，因此，在与自变量薪酬差距的匹配上比综合的企业绩效指标更直接和适合。

（3）高管员工薪酬差距的公平性是近年来被社会多方关注的热点问题，也是企业内部业绩评价与激励机制设计中必须面对和谨慎处理的问题。薪酬差距的公平性在激励产出中的作用到底如何？薪酬差距的竞争性和公平性在影响产出的过程中是否是相互对立的因素？本书试图通过回答上述问题，进一步揭示薪酬差距公平性的意义，与对薪酬差距不公平这一现实热点和难题的讨论进行呼应。

第二节 研究框架、研究方法及创新

一、研究思路及研究框架

（一）研究思路

本书研究的基本思路如下：（1）梳理现有文献中分别侧重研究薪酬差距竞争性或公平性的薪酬差距与产出关系的研究成果；（2）主要以两种激励理论——锦标赛理论和公平理论为基础，结合行为经济学、社会比较理论以及心理契约理论的相关研究成果，分析高管员工薪酬差距竞争性和公平性在创造性产出激励中的不同作用，提出薪酬差距激励机制设计时应同时关注竞争性与公平性的重要性以及相应的分析框架；（3）对薪酬差距竞争性和公平性如何同时以及怎样综合影响创造性产出过程进行理论分析，并提出研究假设；（4）对董事长特征所反映的领导行为调节高管员工薪酬差距竞争性和公平性的力度和倾向进行理论分析，并提出研究假设；（5）以2007～2010年中国制造业上市公司平衡面板数据实证检验上述研究假设，并阐述分析实证结果；（6）以中兴通讯为案例，对其2006～2015年10年来薪酬差距及创造性产出现状、两者间可能存在的关系及董事长个人特征所展现的领导行为对其关系的可能潜在影响实施分析；（7）通过对整体研究的结果进行总结，提出研究结论、实践意义、局限性及未来进一步研究的方向。

本书的逻辑结构：本书第五章对高管员工薪酬差距、董事长特征与创造性产出之间的关系进行了理论分析并提出了假设后，在第七章和第八章中分别使用我国主板市场制造业公司的数据对假设进行了检验，并得到了支持；第九章采用信息产业龙头企业中兴通讯的数据进行了单案例验证性分析，所得结论与第七章和第八章的结论基本一致。

（二）研究框架

现存文献对薪酬差距与产出关系的研究思路如图 1.1 所示。

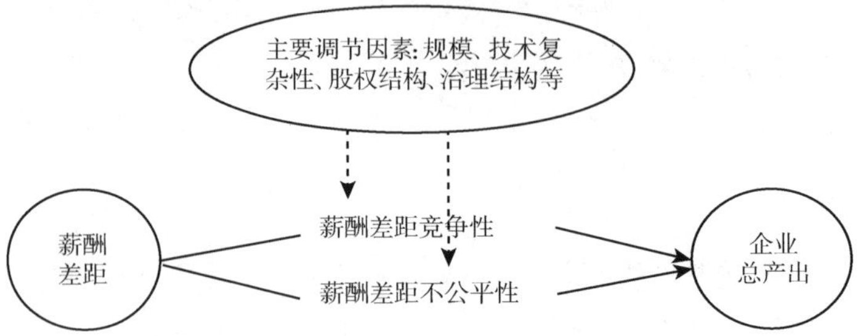

图 1.1　现存文献关于薪酬差距与产出关系的研究思路简图

资料来源：作者自制。

本书研究框架如图 1.2 所示。

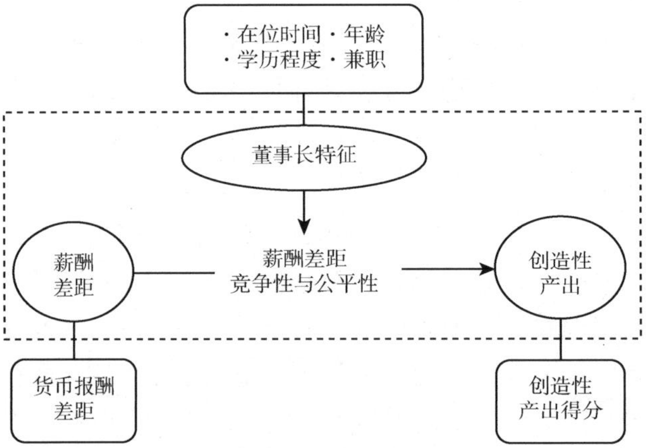

图 1.2　本书研究框架图

资料来源：作者自制。

二、研究方法

本书采用规范分析与实证分析相结合的研究方法。

规范分析方法主要用于以锦标赛理论和公平理论为基础分析薪酬

差距竞争性和公平性与创造性产出间的关系，董事长特征对薪酬差距竞争性和公平性的调节力度和倾向以及对薪酬差距与创造性产出间关系的调节作用。实证分析方法主要用于对上述规范理论分析内容进行检验，获取经验证据支持；本书结合我国制度背景，利用 2007 ~ 2010 年制造业上市公司平衡面板数据及 2006 ~ 2015 年中兴通讯股份有限公司相关数据，对高管员工薪酬差距与创造性产出间总体关系以及董事长特征对两者关系的调节作用进行了验证。

三、研究创新点和难点

（一）创新点

本书的创新和贡献主要体现在以下几个方面：

（1）以往研究大多侧重研究薪酬差距的竞争性或公平性中某一方面对产出的影响，本书的研究整合了以往研究路径，同时关注薪酬差距所具有的竞争性和公平性的不同作用，并引入董事长特征因素，考察其对高管员工薪酬差距竞争性和公平性的影响，及其在薪酬差距与产出关系间的调节作用，有助于在理论上进一步全面理解薪酬差距的激励效应。

（2）现存的创造性产出激励研究中，有研究者关注了报酬奖励与创造性产出的关系、竞争与创造性的关系以及组织不公平与创造性的关系，但还存在分歧，且多以关注绝对报酬和业绩评价形式的激励机制为多。高管员工薪酬差距反映了相对业绩评价或相对报酬比较结果，而且在监督内隐性强的创造性活动中具有节约监控成本的优势，它所表现出的竞争性和公平性可能同时影响高管和员工两个群体创造性投入变化，对两者间关系的研究可能有助于进一步理解作为重要外部强制措施（外部动机）的薪酬（差距）对创造性产出的激励作用。

（3）本书选用了企业创造性产出作为结果变量，创造性产出属于人员绩效，相比综合的企业绩效，考察高管员工薪酬差距对其的激励效应，有助于改进解释变量与被解释变量在相关关系上的匹配程度，同时有助于增加薪酬差距对企业产出影响的研究类别和文献。

（二）研究难点

本书研究还存在不少难点，主要表现在以下两个方面：

第一，关于薪酬差距与企业产出关系的研究尚待深入，绝大多数研究还停留在探讨两者之间的关系上，对薪酬差距与企业产出间可能存在的中介或调节因素的探讨还较为有限，限制了两者关系在理论上较为完整的呈现，这是本书在整合以往研究逻辑节点，构建理论分析框架时遇到的一大难题。

第二，企业的创造性产出数据是自愿披露信息，在采用大样本计量创造性产出时面临数据分散、信息可得性差、披露口径差异较大等数据获取上的诸多困难。

第二章 薪酬差距与绩效的关系研究述评

薪酬差距与创造性产出之间体现的是一种激励关系。本章及第三章对薪酬差距作为一种激励机制对企业绩效的激励效果、创造性产出内涵及相关激励机制研究方面的成果进行回顾和评述，梳理已有文献关于薪酬差距激励产出和领导行为作为组织情境因素对创造性产出激励的研究思路和脉络，并探求关于高管员工薪酬差距与创造性产出关系的理论基础和可行的研究路径，为本书后续的理论分析进行准备。

在现实社会中，企业薪酬差距大小及后果是个被持续广泛热议的话题。但在组织薪酬的学术研究中较长的一段时间里，薪酬差距研究却相对沉寂，薪酬差距大小所产生的激励效应的实证研究则更少（张正堂，2008）。不过，自 2007 年全球范围内的金融危机以来，随着现实中企业薪酬差距曝光率的极大增加，薪酬差距激励效应的学术研究成果有了较为明显的增加。但国内外学者对于薪酬差距对员工态度和行为以及组织绩效的影响的看法还存在着较大争议。

薪酬差距可被看作是一种激励机制，其试图通过在不同雇员之间设立差异化薪酬，来引发雇员们的竞争，并由此带动企业绩效的增加。但同时，差异化薪酬也涉及薪酬不公平问题，可能会引起雇员反感及相应的反生产行为，并可能导致企业绩效的减少。以往研究大多从这两条脉络入手研究薪酬差距对绩效的激励效果，并相应形成了两种相互对立的观点。第一种观点主要以锦标赛理论为基础，认为薪酬差距会正向促进企业绩效；第二种观点多以各种行为理论为依据，认为薪酬差距会负向妨碍企业绩效。在这两者基础上，还有一种折中看法，即认为薪酬差距激励机制对绩效的正负效应同时存在。这种折中观点在早期研究中并不占主流，但在近几年的研究中日益多见。基于折中或综合的分析框架，不少研究得出了薪酬差距对企业绩效的激励效应呈现出曲线特征的结论。在薪酬差距不大时，扩大差距具有较好的激励效果，但当差距扩大到一定程度时，则会产生负效应，使薪酬差距与企业绩效呈现出倒“U”型曲线关系。此外，也有少数研究认为，薪酬差距与企业绩效间关系不明显。以下分别对上述几种观点进行回顾和评述。

一、薪酬差距促进绩效的研究

锦标赛理论是解释薪酬差距激励效应的重要理论。Lazear 和 Rosen（1981）提出了锦标赛理论，用其直接解释高管团队内部不同成员间存在的薪酬差距现象。锦标赛理论认为薪酬差距对绩效具有正向激励作用。在“经济人假设”前提下，该理论提出，将代理人的产出进行排序，并给予优胜者（晋升）奖金，使其与其他代理人之间的薪酬具有差距，这样可以有效激励代理人努力工作。早期的锦标赛理论主要用于解释同一层级的代理人之间（如高管团队成员之间）的薪酬差距效应，之后又被扩展用于解释不同层级的代理人之间（如高管与普通员工之间）的薪酬差距激励效应。

以锦标赛理论为基础，不少学者实证检验了薪酬差距对企业产出的正向激励效应。20 世纪 90 年代，有学者检验了真实的竞赛情境下薪酬差距与绩效的关系，如 Ehrenberg 和 Bognanno（1990）以及 Becker 和 Huselid（1992）的研究表明，在高尔夫球比赛和赛车比赛中，竞赛获胜奖金的多少与比赛成绩间存在正相关关系。Frick 等（2003）的研究以棒球、篮球、足球和曲棍球联赛为情境，结果表明，篮球和曲棍球球员间的薪酬差距与球队业绩正相关。而在企业真实情境下的内部薪酬差距与产出关系的研究中，则积累了不少以高管团队成员间薪酬差距与产出激励效应的实证研究。Main 等（1993）考察了 1980～1984 年 2000 家美国公司高级管理人员内部薪酬差异程度与公司业绩的关系，结果显示，两者呈显著正相关关系。Eriksson（1999）考察了 1992～1995 年 210 家丹麦公司管理层内部薪酬差异程度的激励效应，研究发现，管理层内部薪酬不公平程度越大，公司业绩越高。Heyman（2005）以 1991～1995 年瑞典的 531 家公司为样本的相关研究发现，公司高级管理人员间的薪酬不公平程度与企业业绩显著正相关。林浚清等（2003）是较早地以中国上市公司数据考察薪酬差距与产出关系的研究者，他们以 1999 年和 2000 年我国上市公司样本实证检验了高管团队内部薪酬差距与公司绩效之间的关系，发现上市公司薪酬差距与未来公司绩效之间存在正相关关系，结果也支持锦标赛理论。Lin 等（2005）在以 1999 ~ 2002 年 450 家中国上市公司 4759 名高管为样本的研究中发现，薪酬随着经理级别的提高而增加，更大的薪酬离散情形下的业绩更好。陈震（2006）使用我国 2004 年上市公司数据研究了高管层的级差报酬问题，研究中发现，高成长性公司的高管薪酬差距与市场业绩之间显著正相关，而低成长公司的高管薪酬差距与每股收益指标之间显著正相关。鲁海帆（2007）使用 2001 ~ 2004 年我国 A 股上市公司数据考察了高管团队内部货币薪酬差距与企业业绩之间的关系，研究表明，高管团队薪酬差距对于公司当年业绩有显著的正向影响，大的薪酬差距可以提升公司业绩，进一步检验后又指出，薪酬差距与公司业绩间不存在区间效应，进一步扩大差距并不会引发导致公司业绩降低的负激励问题。Lee 等（2008）以 1992 ~ 2003 年 1855 个美国上市公司的 12197 个观测值为研究样本，考察了高管薪酬离差与企业绩效之间的关系。研究结果表明，薪酬离差与企业业绩正相关，特别是在代理成本较高的企业中这种关系更为明显，而且，有效的公司治理，特别是独立性更高的董事会，有助于增强高管薪酬离差与绩效之间的正相关关系。Kato 和 Long（2011）使用 1998 ~ 2002 年中国上市公司数据研究了高管薪酬差异程度与企业业绩关系，研究结论也支持锦标赛理论，并且指出，高管薪酬差异化对业绩的正向激励效应在非国有控股公司中更为明显。Kale 等（2009）使用标准普尔高管薪酬数据库中 1993 ~ 2004 年的数据，研究了 CEO 与其他高管成员间的薪酬差距与企业业绩之间的关系，研究发现，高管团队内部的薪酬差距与企业绩效呈正相关关系。而且还发现，这种正相关关系在 CEO 接近退休时表现更强，在新的 CEO 上任时表现稍弱，若新的 CEO 来自企业外部，则会对这种正相关关系有所削弱。

与高管团队薪酬差距对产出激励的研究成果相比，高管员工间薪酬差距对产出激励效应的研究还较少。张正堂（2008）以 2001 ~ 2005 年我国沪深两地上市公司为样本，检验了内部薪酬差距与未来企业绩效间的关系，研究发现，管理层与员工间的薪酬差距对组织未来绩效的影响在总体上是不显著的。但当企业技术复杂性较高、企业规模较大时，扩大高管员工薪酬差距则有助于企业未来绩效的提升。刘春和孙亮（2010）以2001～2007年2965个国有上市公司为样本，对我国国有企业内部薪酬差距与企业绩效之间关系的进行了实证检验，研究结果表明，国企高管和员工间的内部薪酬差距与企业绩效显著正相关，支持锦标赛理论。胥佚萱（2010）以1999～2007年沪深A股非管制类上市公司为样本，从相对薪酬差距角度研究了薪酬业绩敏感性，实证结果表明，高管团队内部薪酬差距以及高管员工薪酬差距与业绩显著正相关，支持锦标赛理论。周权雄和朱卫平（2010）从政府干预和共同代理的角度对经典锦标赛模型进行细化和拓展，以揭示国企锦标赛的激励效应和转型期国企锦标赛激励的制约因素，并利用地方国有上市公司样本进行了实证检验。结果表明，我国地方国有上市公司薪酬差距与公司绩效显著正相关，而与地方政府行政干预和共同代理问题的严重程度显著负相关，主张大多数国有企业应当适度提高薪酬差距以维持足够的锦标赛激励能量，但也指出激励同时受到政府行政干预和共同代理问题的制约。宋增基和夏铭（2011）以2006～2009年在沪深两地上市的银行企业为样本，考察了银行内部薪酬差距与银行绩效间的关系，实证结果表明，管理层与员工间的薪酬差距与银行绩效关系在总体上并不显著，但管理层与员工间薪酬差距与企业规模的交互项对银行当年绩效和下一年绩效都有显著的正向影响，表明当企业规模越大时，银行管理层与员工间的薪酬差距的增加对绩效的正向影响越明显。

二、薪酬差距妨碍绩效的研究

传统的经济学理论假设人是自利的，但实际上，人们在现实中是有限自利的，常常会关心其他人的利益（Arrow，1981；Samuelson，1993；Sen，1995）。实验经济学家通过大量心理博弈实验研究也证实人们完全自利的假设并不能成立，人的行为常常显示出公平偏好。学者们还建立了一系列理论模型将公平偏好纳入经济分析中，主要包括注重分配结果的不公平厌恶模型（Fehr and Schmidt，1999；Bolton and Ockenfels，2000；Charness and Rabin，2002）和考虑互惠或对等意图的公平偏好模型（Rabin，1993；Dufwenberg and Kirchsteiger，2004）。公平偏好使人在关注自身收入的同时也会关注他人的收入，并且通常厌恶不平等，不仅在意利他不平等，而且也会尽量规避利己不平等（鲍尔斯，2006）。利他不平等会使员工产生嫉妒感，利己不平等会使员工产生同情心（Grund and Sliwka，2005）。在通常情况下，相对于利己不平等，人们更加厌恶利他不平等。

社会比较理论认为，人们很在意和周围的人进行比较，来评价自己收入的合理性，并进而影响他们的行为（Festinger，1954）；当组织成员将自己获得的报酬与其他成员获得的报酬比较后发现自己实际得到的报酬低于应得的水平时，就会产生被剥削的感觉，从而会导致怠工、罢工等负面行为，也会导致员工对组织目标的漠不关心和企业凝聚力下降现象的产生（Crosby，1984）。Runciman（1966）的相对剥削理论，提出了相对剥削概念，指出自我剥削产生于个体与他人的比较，即相对剥削感是人们比较判断的结果，当人们的期望目标和实际所得存在差距时，会产生剥削感。Adams（1963）的公平理论（equity theory）则从收入分配结果是否公平的问题角度研究激励，认为组织成员在社会活动中相信应该按照个人的贡献水平来进行收入的分配。当组织成员感到自己的投入产出比低于其他人时，会对这种利己不公平产生急躁乃至愤怒的情绪，以及出现嫉妒心理，甚至会满腹牢骚、消极怠工，为后续薪酬差距与产出关系的研究提供了重要的理论分析框架。

依照上述行为理论，薪酬差距的存在会使组织成员进行薪酬比较，可能引发其薪酬不公平感，不利于组织成员间的合作，进而妨碍企业产出的提高，不少研究对此进行了实证检验。从研究设计上看，有的直接以薪酬差距大小计量不公平程度，也有的以薪酬差距为基础，构建了薪酬差距不公平程度指标，对不同情境下的薪酬差距妨碍绩效提供了经验证据。

Pfeffer 和 Langton（1993）以英国高等院校研究人员的调查数据为样本，检验了研究人员间薪酬差距与研究绩效的关系，结果表明，拉大研究者工资差距会降低研究产出率和合作可能性。Bloom

（1999）在以1985~1993年美国棒球联赛的29支球队的1644名球员为样本的研究中发现，球员间薪酬不公平程度的加大会引起球员和球队业绩的下降。在真实企业情境下，研究者们获取了更多的经验证据。Cowherd和Levine（1992）以北美和欧洲41个公司的102家业务单位作为样本，研究了高管团队以及高管与普通员工间薪酬公平程度与业务单位生产质量的关系。结果表明，两类薪酬公平程度与生产质量均呈显著负相关关系。Martins（2008）以1991~2000年葡萄牙4735家公司为样本，研究了企业内部薪酬不公平程度与业绩的关系，结果表明，两者间呈显著负相关关系。张正堂（2007）以2001~2004年我国264家上市公司为样本，研究了高管团队间薪酬差距的激励效应以及团队协作需要的调节作用，发现高管团队内薪酬差异程度与企业绩效负相关，但薪酬差距与技术规模、企业规模进行交互时对企业绩效有正向影响。之后，他又实证检验了高管团队以及高管员工薪酬差距对企业绩效的滞后效应（张正堂，2008），研究发现，高管团队之间的薪酬差距对组织未来绩效具有显著负向影响。高管员工薪酬差距对组织未来绩效总体上没有显著的影响，但当企业最终控制人类型为国有股份时，高管员工薪酬差距和组织未来绩效之间表现出负向的关系。卢锐（2007）以2001~2004年的深沪两市A股上市公司为基础样本，检验了中国上市公司管理层权力对企业内部的薪酬差距的影响以及薪酬差距对企业业绩的影响，研究发现，管理层权力更大的企业中的高管团队间薪酬差距以及核心高管与全体员工的薪酬差距都更大，但业绩并没有表现得更好。高管团队薪酬差距有利于提升绩效，但核心高管与全体员工的薪酬差距没有带来业绩的显著提升，暗示薪酬差距过大可能因失去公平而影响绩效。在劳动者收入比重逐年下降的背景下，叶康涛、王春飞和祝继高（2013）的研究可能从侧面也支持了薪酬差距对绩效激励的负效应。他们利用我国上市公司1999~2009年数据，考察了劳动者工资对企业绩效的影响。结果表明，劳动者工资越高，公司市场价值越高，且未来业绩越可能上升，指出提高劳动者工资不仅符合社会公平目标，也符合经济效率目标。覃予（2013）的研究表明，高管薪酬激励能促进企业业绩增长，但高管员工薪酬差距过大所产生的正向不公平会阻滞业绩提升，降低高管薪酬激励效率；而且在宏观经济从上升期转向回落期会引发企业员工对薪酬正向不公平更加敏感，从而使其对企业业绩的阻滞作用增强、高管薪酬激励效率的减弱作用更加明显，这种情形在更为偏好公平的国有企业中尤其显著。而薪酬差距过小会产生负向不公平，则有助于提升企业业绩，且不受宏观经济波动和企业公平偏好强度的影响。

三、折中或综合的研究

还有一些研究者认为，薪酬差距的激励并非线性关系，而是呈现出曲线特征。当薪酬差距不大时，扩大差距具有较好的激励效果，但当薪酬差距扩大到一定程度时，将会对企业绩效产生负效应，使薪酬差距与企业绩效呈现出倒“U”型曲线关系。Bingley 和 Eriksson（2001）以 1992～1995 年丹麦的 6501 家大中型企业为样本的研究发现，白领员工间的薪酬差异程度与生产率呈显著的倒“U”型曲线关系。王怀明和史晓明（2009）以 2002～2007 年我国 5429 家 A 股上市公司为样本，实证分析了高管员工薪酬差距对企业绩效的影响，结果表明，薪酬差距对企业绩效的影响是非线性的，薪酬差距存在区间效应，随着薪酬差距的扩大绩效先是上升而后下降，大致呈倒“U”型曲线关系。陈丁和张顺（2010）以 2005 年沪深 1275 家上市公司的横截面数据检验了高管团队薪酬差距与企业绩效间的关系，实证结果表明两者间呈倒“U”型曲线关系。覃予（2009）以及王永乐和吴继忠（2009）也认为薪酬差距与企业业绩呈曲线关系，但他们的实证研究结果表明，目前两者关系还处于正相关阶段。覃予（2009）构建了公平偏好下的高管普通员工单代理报酬契约模型和高管团队锦标赛制度的多代理报酬契约模型，通过模型推导得出企业成员间薪酬差距与企业业绩间呈显著倒“U”型关系的命题，之后她以 2005～2007 年在沪深两市交易的非金融类 A 股公司为样本对命题进行了实证检验，结果表明，在一定范围内企业内薪酬不公平程度与业绩呈正相关关系，但目前还没有迹象表明已经靠近曲线的拐点。王永乐和吴继忠

(2009）以2003～2005年354家A股上市公司为样本，基于集体主义和高权力距离的中华文化背景，考察了薪酬差距与公司绩效间的关系，研究表明不同组织层级间的员工（CEO与非CEO高管间以及非CEO高管与普通员工之间）薪酬差距与企业绩效间呈二次曲线关系，但绝大部分样本的薪酬差距都没能达到最优薪酬差距，其薪酬差距与企业绩效对应的数据点大多数分布于二次曲线的左半段，表现为近似线性关系，薪酬差距与企业绩效正相关，且随着组织层级的提升，薪酬差距呈扩大趋势；同一组织层级员工薪酬差距（职位相同的非CEO高管间）与企业绩效不相关或者负相关。

赵睿（2012）也认为，薪酬差距对企业绩效的激励效应应以锦标赛理论和行为理论联合解释，他们利用1999～2009年中国沪深两市A股制造业上市公司数据，对高管员工薪酬差距与企业绩效的关系进行了检验，结果表明薪酬差距与企业绩效之间呈现倒“U”型曲线的关系，薪酬差距对企业绩效有正向影响，但当差距扩大到一定程度后，则会对企业绩效产生负向影响，且这一关系并不因企业控股性质和所在地区而有所差异。石永拴等（2013）的实证研究也表明，公司高管薪酬差距与公司未来绩效呈倒“U”型关系，薪酬差距是先促进公司未来绩效的提高，但当差距超过一定程度时，则会阻碍未来绩效的提高。吕峻（2014）将员工薪酬差距分为激励性差距和约束性差距，也认为薪酬差距和企业绩效之间存在倒“U”型关系，企业存在最优薪酬差距，但每个企业最优薪酬差距受到企业异质性因素的影响而不同，并利用1999～2010年沪深两市上市公司数据，实证检验了薪酬差距和企业绩效的关系及企业的异质性对于两者关系的影响。研究发现，薪酬差距和企业绩效（财务绩效/市场绩效）呈倒“U”型关系。相对于国有企业，非国有企业的薪酬差距对于企业绩效的影响更加显著；薪酬差距随着时间推移和企业绩效之间关系更加紧密；行业竞争性的减弱，会弱化薪酬差距对于企业绩效的促进作用；市场环境较好地区的企业薪酬差距对于企业绩效的促进作用更明显。

此外，在薪酬差距激励效应综合分析框架下，还有学者尝试进一步考察薪酬差距对绩效的正向促进和负向阻碍作用发生的前提条件。

黄辉（2012）提出，内部薪酬差距的锦标赛理论和行为理论的作用效果，依赖于薪酬的外部公平性（实际薪酬与按贡献其应得薪酬比较的结果）这一前提，他以2004～2010年我国909家上市公司的面板数据为样本，建立了分行业的管理层薪酬决定模型，计量了代表外部薪酬不公平程度的额外薪酬，并以此为解释变量，实证分析了薪酬外部不公平程度对企业绩效的影响，以及薪酬外部不公平与内部薪酬差距共同对企业绩效的作用。研究发现薪酬外部不公平性直接影响内部薪酬差距的激励效果，对薪酬正向外部不公平企业将显著降低其激励效果，负向外部不公平企业则与其存在替代关系。

四、多种组织情境因素对薪酬差距与绩效的调节效应研究

学者们对薪酬差距与企业绩效总体相关关系争论日久，但都未能形成一致看法，不少学者进而着重考察特定组织情境因素在两者间可能具有的调节或中介作用。在之前的研究中，被考察的因素主要包括组织内部协作程度、规模、股权性质（该因素也常被作为控制变量来考察）（Milgrom and Roberts，1988；Levine，1991；Pfeffer and Langton，1993；Shaw et al.，2002；张正堂，2007），近10年的研究中更多因素开始被关注，如经理人更换及选拔机制、管理者控制力和领导力、政治关联、外部市场改革及制度方面、行业特征、风险等因素。

Kale等（2009）的实证研究表明，高管团队薪酬差距与企业绩效呈正相关关系，而且这种正相关关系在CEO接近退休时表现得更强，在新的CEO上任时表现得稍弱，若新的CEO来自企业外部，则会对这种正相关关系有所削弱。岑永嗣和黎文靖（2014）的研究表明，高管层内部薪酬差距的激励效应受到我国经理人选拔机制的影响，同时经理人继任来源也会影响高管内部的竞争环境公平性，最终影响高管层内薪酬差距的激励问题。在不同股权性质的企业里，总经理的继任来源对薪酬差距激励作用不同，在非国有企业中，当总经理从内部继任时，高管薪酬差距激励作用更好，而国有企业里继任来源不会影响高管薪酬差距的激励作用。程新生等（2012）认为出于对

组织目标和激励机制的关注，董事长会影响薪酬差距的竞争性和公平性以调节薪酬差距的激励效率和效果，但董事长领导行为的成熟程度所起的调节作用存在差异，他们基于 2007 ~ 2010 年制造业上市公司数据的实证检验结果表明，成熟度越高越有助于形成竞争性和公平性兼顾的高管员工薪酬差距，进而越有助于促进高管员工薪酬差距对创造性产出的激励。肖东升、高示佳、谢荷锋（2014）选取中小板市场上 2008 ~ 2012 年上市公司 131 个研究样本，分析了高管员工薪酬差距、高管控制权与企业成长性之间的关系，指出高管控制权是企业确定高管员工薪酬差距过程中的重要影响因素，高管员工绝对薪酬差距及差距的不公平性与公司成长性显著负相关，高管控制权使不合理的高管员工薪酬差距对公司成长性的消极作用更加明显。陈德球和步丹璐（2015）的实证分析表明，管理层能力和权力都会增加企业内部薪酬差距，管理层能力导致的薪酬差距对企业业绩有显著的积极影响，而管理层权力导致的薪酬差距对企业业绩有显著的负面影响。

Chen 等（2011）利用中国沪深两市 1999 ~ 2009 年共 1458 家上市公司样本研究了管理者权力理论、锦标赛理论与薪酬差距的相关问题，研究指出，相比之下，中国企业中的薪酬差距小于西方企业，较高的政府控制权降低了组织层级间的薪酬差距。实证结果表明，企业绩效与薪酬差距显著正相关，但和薪酬差距与政府所有权的交叉项显著负相关，即薪酬差距对企业绩效具有正向激励效应，但政府控制权削弱了这种激励作用。Hu，Pan 和 Tian（2013）利用 2005 ~ 2010 年中国上市公司数据实证检验了在新兴市场经济体中制度因素（政府所有权、政治关联以及市场改革）对 CEO 薪酬差距激励效应的影响。研究结果表明，总体来看，高管薪酬差距在中国这样的新兴市场里能对企业绩效提供锦标赛式的正面激励效应；而这种激励效应在政府控股的企业里以及 CEO 具有政治关联背景时较弱，不过在中国的股权分置改革完成后这种效应变得较强。政治关联与政府所有权对锦标激励具有减损的影响（国有控股企业需要同时满足多元的经济和社会目标），而市场改革则对锦标激励具有增强的效果。黎文靖和胡玉明（2012）利用制造行业国有上市公司 2003 ~ 2010 年的数据，考察了国企高管和职工内部薪酬差距对高管和职工的不同激励效应。结果表明国企内部薪酬差距与企业业绩以及日常经营业绩都呈现正相关关系，国企内部薪酬差距较小时更多地激励了职工，薪酬差距较大时对职工则无正向激励效应。缪毅和胡奕明（2014）对不同产权性质下高管内部薪酬差距的成因和激励效果问题进行了研究。他们手工搜集了2005～2010年A股上市公司的高管薪酬数据，分析发现适当拉开薪酬差距的确对员工产生了激励作用，但过大的薪酬差距会产生不可忽视的负面影响，还发现薪酬差距的激励作用受到晋升可能性的影响，也受到产权性质的影响，这种激励效果在民营企业、政府间接控制的企业、政府直接控制的企业依次减弱。

李绍龙、龙立荣和贺伟（2012）关注了行业特征因素，他们以992家上市公司为样本，运用阶层线性模型研究高管团队薪酬差异与企业绩效之间的关系及行业特征的调节作用。结果发现，高管团队垂直薪酬差异与企业绩效呈正相关关系；高管团队垂直薪酬差异与水平薪酬差异对企业绩效具有交互作用；行业内高管薪酬差异程度对高管团队垂直薪酬差异与企业绩效关系存在跨层负向调节作用，同时对水平薪酬差异与企业绩效关系存在跨层正向调节作用；行业内技术密集性对高管团队水平薪酬差异与企业绩效关系存在跨层正向调节作用。结合行业特征与公司情境，将薪酬差距进行优化设置，有助于提高高管薪酬满意度，推动公司业绩的提升。Lin等（2013）基于中国台湾的数据研究也表明，高管团队薪酬差距对业绩的正向激励效应并不总是表现良好，而是与行业因素相关，它在研发投入强度低的非高新技术行业里激励作用良好，但对于有高度合作需求的高新技术行业，在高管团队中，采取权衡货币激励、基础绩效和互惠便利模式（norms of reciprocal accommodation）才是稳妥的措施。

张正堂（2008）的实证研究表明，当企业技术复杂性较高、企业规模较大时，扩大高管员工薪酬差距有助于企业未来绩效的提升。Ding等（2009）基于395个中国企业样本的研究表明，高管员工间薪酬差距对绩效有正向激励效应。但经理间和员工间的薪酬差距与企业业绩的正负关系取决于业绩目标的性质和任务协作程度。宋增基和夏铭（2011）基于2006～2009年在沪深两地上市的银行企业为样本的实证研究表明，企业规模会正向调节高管员工薪酬差距与银行当年绩效和下一年绩效的关系。鲁海帆（2011）指出，从薪酬差距设定角度来看，风险（市场/财务/经营风险）对公司高管团队内未来薪酬差距有正向影响，在风险从极低到极高不断增加的过程中，高管薪酬差距扩大对公司未来业绩会产生先抑制后促进的作用。夏宁和董艳（2014）基于深市中小板上市公司2007～2011年的数据进行的实证分析表明，多种企业情境因素在高管团队/员工薪酬差距与企业成长性之间具有调节作用；在设计薪酬差距时，应注意企业所处的具体情境，考虑高管团队协作需要、财务风险、技术复杂性和企业规模等因素对薪酬差距的影响。

当然，也有极少数学者认为，薪酬差距与企业绩效之间没有显著的关系，实证检验结果未显示出激励效应。如 Hibbs 和 Locking（2000）考察了瑞典企业员工工资差距与生产效率的关系，结果发现两者没有显著的相关性。

五、文献评析

梳理以往薪酬差距与绩效的关系后可知，归纳来看，对于薪酬差距与产出的总体关系，以往研究思路可概括为单一框架和综合框架两条脉络。

单一框架的研究脉络主要是以锦标赛理论或公平理论等行为理论为基础，聚焦于薪酬差距激励具有的单调性。这两条侧重薪酬差距单边激励的研究思路对薪酬差距的激励效果看法相反，各有侧重，从不同的假设出发，遵从不同的分析路径，呈现了不同的理论解释和经验证据。锦标赛理论指出薪酬差距能激发竞争，而竞争能带来激励。斯蒂格利茨就曾指出："竞争之所以重要，是因为它能提供激励"。总体看来，西方学者似乎更认同竞争性效应。林浚清等的研究中也曾概括，来自西方国家的实证数据大多支持锦标赛理论。我国在社会文化心理、观念、制度等环境因素方面与西方差异较大，不过近年来各因素融合变动节奏变快，但学者们对薪酬差距激励效应的观点差异仍然较大，有的强调竞争性效应，有的支持公平效应。可以说大量实证研究结果都表明，薪酬差距对企业绩效具有激励作用，只是在激励方向、激励条件上存在分歧。究其原因，样本和变量选择、数据获取乃至研究设计和方法存在差异可能是个重要原因，同时还可能与两类研究中关注了薪酬差距的不同性质有关。高管员工间的薪酬差距受到高管和员工人力资本的不同性质、努力程度投入差异、行业和企业特征以及内部制度环境等多因素影响，研究中所关注的影响因素不同，可能也会导致对薪酬差距与产出关系的不同理解。锦标赛理论是从“经济人”假设出发，强调人更多甚至只受经济因素驱动，那么，当面对较大的薪酬差距时，员工可能会更倾向于为了获取经济利益而争取在“锦标赛”中获胜（如可以提高工作投入）而与他的同事展开竞争，进而提高企业产出。实际上，这表明锦标理论更侧重研究的是薪酬差距所具有的竞争性，但薪酬差距还涉及薪酬不公平，基于行为理论的研究更多关注的正是薪酬差距的公平性，他们从人的公平偏好出发，认为薪酬差距越大则公平程度越低，会导致员工投入降低和产出减少。而要全面理解薪酬差距与产出间的关系，同时关注薪酬差距的竞争性和公平性以及它们对产出的不同激励方向和效果可能更为重要。

实际上，激励机制的设计往往需要同时考虑公平和竞争，在保证公平的同时鼓励员工参与竞争的激励机制更有助于实现激励目标。相比侧重考察薪酬差距竞争性或者公平性的单一属性对产出激励的分析框架，折中或综合框架下，同时关注高管员工薪酬差距竞争性和公平性的双重属性及其在激励产出中的不同作用，考察两者对于产出激励的综合效应可能更合理。特别地，在综合框架下，越来越多的研究着眼于薪酬差距激励机制发挥作用的组织情境，将薪酬差距激励效应与特定组织情境因素协同考察，从组织内部协作程度、规模、股权性质、经理人更换及选拔机制、管理者控制力和领导力等因素到组织外部环境因素如政治关联、外部市场改革及制度方面、行业特征、风险等因素，呈现了薪酬差距激励更为复杂但也更为全面的面貌。

第三章 创造性产出及其激励研究述评

创造性产出是企业产出的重要组成部分，促进创造性产出是企业激励机制的关键任务。它是从产出角度对创造性的衡量，而创造性是企业长期发展的动力，是创新的基础。创造性在心理学领域里是一个引起了广泛兴趣的主题，同时，也是社会学和组织科学领域的研究主题（Gilmartin，1999）。特别是20世纪80年代初Amabile创立创造性社会心理学以来，组织中员工创造性一直都是组织行为领域研究的新热点（Zhou and Shalley，2003）。但在企业管理其他领域的研究中，目前对创造性产出的关注还不多。本章内容主要回顾组织中创造性产出的内涵、与创新的关系、特征及计量等基础性研究成果，以及组织情境因素对创造性产出激励的相关研究。

一、创造性产出内涵

（一）创造性产出的概念

长期以来，创造性都是一个被广泛关注的心理学概念，主要相关研究涉及社会心理学、环境心理学和组织心理学领域，神经心理学、认知心理学和实验心理学等领域对其也有关注和研究（Borghini，2005）。如此广泛的研究显示了创造性主题的重要性，但也导致了现有研究对于创造性知识的理解呈现多样和零散的局面。有些心理学家甚至将创造力戏称为“现代心理学研究中最不严格、含义最模糊不清的术语之一”（武欣和张厚粲，1997），因为其概念甚至多达近百种。迄今为止，对于创造性的内涵不同研究领域的学者并未达成一致。这或许是由于这个词语本身不仅是个学术词汇，更是个常见的社会生活用语，长期以来人们在多种情景下使用它，从而形成了在多个领域的不同含义。宽泛而简单地讲，创造指产生原来没有的东西。在创造活动中表现出来的性质就是创造性，对于个人而言的创造性并不等同于对其他人也具有创造性，在全人类范围内，只有第一个人的发现才具有创造性，其他人的发现可以说是重复劳动。在科学研究中，创造性通常指对于全人类而言的、相对狭义的创造性。

在学术研究领域，目前较有影响的创造性概念主要有两种，其一，侧重创造的心理过程，认为创造性是一种令人们想出新颖和有用想法的心理过程（Mayer，1999）。按照 Amabile（1983）的观点，这个心理过程在五个阶段发生：问题或任务陈述——准备——反应产生——反应确认生效——结果。其二，侧重创造性的产出结果，认为创造性是指那些新颖的产品和有用的想法或措施（解决问题的方案）（Amabile，1983；Sternberg，1988；Woodman et al.，1993；Amabile et al.，1996；Burleson and Selker，2002）。这一界定目前在组织行为学领域已经获得了较为一致的认同。除了上述两种定义外，还有学者认为，创造性应该改变现存的领域或产生一个新领域（Csikszentmihalyi，1996），这是从创造性的影响力角度对其进行的评价。本书采用第二种界定方法，即将组织中的创造性解释为：不同个体在复杂的系统中一起工作而带来的价值的产生，表现为新颖又有用的产品、服务、过程、方法、思想等形式。这一概念强调创造性必须同时具备两种特质——新颖性和有用性，不仅需要新鲜奇异，而且必须对企业现存状况具有适用性（Amabile，1997）。

（二）创造性产出的特征及识别

对于如何操作识别创造性，Amabile 认为"一致性评价"（consensual assessment）具有重要意义，创造性是适当的观察者所独立认为的新颖与适用的程度。这一研究成果直接导致了通过专家或主管对员工的产出进行评价，从而主观计量创造性产出的方法。Amabile（1996）以及 Perry Smith 和 Shalley（2003）还认为，创造性评价应关注某项行为相对而言是否有所创造，即强调关注创造的程度而非断定其是否归属于创造范畴。从这个角度看，创造性产出是个连续性的概念。由于创造性产出的新颖和适用的程度有所不同，其价值大小和实现的时间也将不同，有的创造性产出的新颖和适用程度以及价值可能较小，有的则较大，有的价值在当期就能迅速实现，有的创造性产出的实现则可能需要等待并递延到以后的多个时期里。较小的创造性主要表现在对现有的思想或进行调整，或重新组合，或进行扩展，较大的主要体现为一些根本的、激进的变革。不同程度、不同价值的创造性产出都是企业需要的（Mumford and Gustafson，1988）。Amabile 也曾指出，创造性水平是呈连续分布的，从微小的改进到最高水平的创造，它们量上存在差异，甚至质上也有分别，但创造性产出发生的机制是相同的。普通人在适当的情境下一般也都可以得出中等程度以上的创造性绩效（Amabile，2000）。

（三）组织中的创造性产出和创新

一般来看，相比创新（innovation），创造性产出是对创造性更基础的描述。如很多学者所指出的，创新是创造性的思想的成功实施（Woodman et al.，1993；Oldman and Cummings，1996；Zhou，1998；Wood，2003），它是人们通过寻找新观念或优化现有方法，从而满足自己好奇心的结果（Hopp，1998）。从这个角度看，创造性可以被看作是创新的基石和起点，是成功创新的必要不充分条件（Amabile et al.，1996），它是企业产出中最具活性和潜力的部分。还有研究表明，员工的创造性能持续地支持企业的创新、生存以及发展能力（Nonaka，1991；Amabile，1996）。

此外，在我国，有些学者主张在学术研究中应更多地使用创造、创造力与创造性，而慎用创新，指出这些词实际上与实践领域中的创新含义相同（傅世侠，2002；张剑，2003），创新一词的频繁使用以及与创造的混用实则是创造（creativity）一词在本土化的过程中受中国的政治、文化等因素影响而出现的产物。

（四）组织中创造性产出的计量

创造是一种内隐性很强的心理过程，往往仅能通过昂贵的实验室实验的方法实现，如采用生物计量检验方法进行计量，通过测量创造性活动中大脑的葡萄糖代谢来实现。但这些检验意味着大量的时间和成本（EI-Mural and West，2004）。此外，为获得个体稳定的创造性特征，常见方法还包括采用心理测验对创造性进行检测，如采用创造性人格量表测试被试的思考方式，采用行为量表测试被试的创造性思维能力等。Gough（1979）选取来自 12 个不同工作领域中的 1701 名高创造性个体作为被试，通过对其人格特质进行概括，并总结出30个有代表性的、区分性强的与创造性相关的人格特征词汇，其中的18个与创造性正相关，12个与创造性负相关，构成人格测试量表。创造性行为测试通常是对被试在有限时间中完成的任务效果进行评价检测被试的创造能力，通过对任务完成的流畅性和灵活性等特征打分，进而得到被试个体的创造力水平。如测试创造性最为关键的发散性思维能力的测试（Guilford，1967）。但上述测试方法缺乏预测有效性（EI-Mural and West，2004），而且侧重个体创造能力和特征的检验，对于在组织环境中检验创造性产出水平作用有限。

在企业中，从产出角度检验创造性的绩效，大部分情形下采用的是调查问卷和创造性产出的评估（Smith et al.，2000）。较有影响力的评估方法主要包括主观的一致性评估技术和采用客观指标进行度量的方法。

1. 主观一致性评价方法

一致性评估技术（consensual assessment）由Amabile于1982年提出，源于其所提出的创造性的操作性定义。她认为，创造性是基于结果而非过程、亦非个体的、新颖且有用的产出，它是由合适的观测者独立做出的判断。通过不同的、合适的观测者所独立做出的判断进而得出的一致结果可以计量创造性的程度。合适的观测者通常具备相应的教育程度和一定的相关工作经验，换言之，观测者应当熟悉工作领域以及相应的专业和产品的水平，此外，还熟悉最终的评价目的（Amabile，1996）。评估者是相关领域的专家最为合适，有时也可由被评价员工的主管（supervisors）实施。评价应该使用设计适合评价内容和对象的量表，并且（最好）由两个或两个以上的观测者分别独立地进行评价。多年来，一致性评估方法获得了广泛的推崇和应用，但其局限性也较为明显，主要是主观性较强（Amabile，1982），Adarves-Yorno等（2006）也表明，创造性的感知取决于团体标准的满意与否（content of the group norm）。而实际上，在一种环境下被当作有创造性的，在其他环境下可能不被那样看。

2. 客观性指标计量方法

客观性度量方法是使用一些客观的度量指标计量创造性产出，这些指标通常包括专利、研究论文、技术报告、合理化建议、新产品数量等（Oldman and Cummings，1996；Kochhar and David，1996；Tierney et al.，1999），或者采用创新的新颖程度，如专利引用次数等（Gayle，2001；Geraldine，2011）。Oldham 和 Cummings（1996）以专利信息、组织建议中的贡献（contributions to an organization suggestion program）和主管对创造性实施的评级水平（supervisory ratings of creativity）三个指标衡量员工的创造性绩效，采用实验的方法，选取了制造业企业中 171 名员工作为被试，研究了个人特征和组织情境特征对于员工创造性的影响。Tierney 等（1999）以 191 名大型化学公司的 R&D 人员为被试，以主管对创造性的评级水平（supervisors ratings）、发明披露形式（invention disclosure forms）和研究报告（research reports）计量员工的创造性绩效，从领导个性、员工个性和领导—成员关系多重视角检验了工作环境下领导对创造性的影响。Geraldine（2011）探讨公司上市对组织创新质量和方向的影响时，使用了专利申请数、专利引用数和通过 FDA 认证数量计量创新。

国内学者在对创造性产出或创新进行计量时多使用专利指标，包括申请专利和授权专利，如朱平芳和徐伟民（2003）、周莹莹（2004）、朱月仙和方曙（2007）、刘星和赵红（2009）、吴和成（2008）、陈柳和刘志彪（2006）、梁莱歆等（2009）以及孙杨、许承明和夏锐（2009）；但也对创造性产出的其他形式给予关注，如鉴于科技获奖表明科技成果已被承认，杨兰蓉（2009）使用科技获奖数计量创新。邵云飞和谭劲松（2006）构建的区域技术创新能力指标体系时，以科技论文、国家科技获奖和专利衡量技术创新的直接成果。还有的研究关注了技术转让收入和新产品销售收入等价值指标，但基本是应用于国家、地区或行业等宏观层面的研究，针对企业层面使用这些指标的大样本研究则极为罕见。

总体来看，在以客观指标度量创造性产出的研究中，以使用专利指标情形为多（Griliches，1998；Acs et al.，2002），特别地，专利申请指标又优于专利授权指标，因为专利在授权过程中可能面临人为因素干扰。而在大样本研究中，专利计量方法更加常见。相比合理化建议、新产品数量等其他客观创造性产出指标，专利指标的广泛使用，除了因为其具有较高的新颖和有用程度的特点外，数据收集的便利性可能也是重要的原因之一，专利信息通常可以通过公共信息平台获取，有的国家对专利引用等信息还建立了相关的数据库。但专利计量的局限性也较为明显（Griliches，1998；Arundel，1998；Furman et al.，2002），因为不同组织情境以及不同产品或服务的形式和类别、研发特点等方面原因往往使不同企业对创造性产出形式的偏好不同，有的公司可能更倾向于专利等知识产权保护，而有的公司则更倾向于将其作为技术秘密直接运用于新产品上，而且不同专利质量差异可能会很大。

客观性评价方法可以较好地克服主观评价法中人为因素可能导致的创造性产出评估缺陷，但大多数创造性产出的客观指标往往是组织内部数据，而且不同企业对同一指标披露方式和披露数量也存在差异，研究者往往会面临难以获得完整准确及足量信息的困境。

概括地看，当计量组织创造性产出时，主观性的专家评价法和客观指标度量法都得到了较为广泛的应用；在研究方法上，现有研究主要还是以采用实验研究和调查问卷方法为主，这些研究的内部效度较好，为进一步以大样本计量创造性产出提供了坚实的理论依据。

二、创造性产出的激励研究

创造性被看作是一种共同利益和免费资源，等待被探索和开发（Styhre，2006），作为组织内部一种有价值的过程，它也是组织效力发挥的关键和长期成功的必需品（Amabile and Conti，1999；Porter，1990；Hitt et al.，1997）。而且，最近几十年来，随着经济的全球化趋势及快速发展，企业竞争环境日益严峻，组织创新能力对于企业生存和发展变得越来越重要。作为组织创新能力的基础，考察和理解创造性产出的影响和激励因素具有重要意义。以下主要对现有研究中创造性产出的影响因素及激励机制的研究成果进行梳理。

（一）工作动机对创造性产出的激励作用

动机是组织行为学中最早、也是被广泛研究的影响创造性的重要因素。20 世纪 80 年代初，Amabile 开创了创造性社会心理学，提出了影响甚广的创造性成分框架模型，指出了创造性产出的形成主要依赖的三方面要素，即相关领域技能、与创造性相关的技能以及工作动机（或称任务动机）。相关领域的技能相对比较具体，指特定领域的知识和经验、特定领域工作所要求的专门技能和特定领域的素质，它会受到正规和非正规教育、个人的感知、认知和动力因素的影响；与创造性相关的技能在最为一般的层面上发挥作用，主要为产生创造性的想法、认知风格，工作作风和人格特质提供启发；这两者是创造性产出形成的基础。工作动机是三个因素中最具体的因素，是个人对工作的态度及其自身对完成任务动机的感知，因不同工作任务而变化，可分为内在动机和外在强制因素/动机。其中，内在动机是源自个人对工作本身性质的主动反应，能激发人的兴趣、参与、好奇、满意等情绪和行为。Amabile 认为在创造性产出的形成过程中，内在动机在获得问题解决办法、反应或产品时，负责发动并维持任务过程，工作动机的层次水平和类型决定是否投入一项任务或开始寻找解决办法，是否继续寻找，决定反应发生及其新颖性等创造过程的主要方面，进而形成了内部动机有益于甚至决定创造性的基本命题。该命题表明，如果内在动机很高，个体会很愿意投入一项任务；而如果内在动机低的话，则只有在外在激励存在时，如对任务的评估、报酬、外部指示等，个体才愿意投入任务中。

实证研究的结果也证明了动机，特别是内在动机对于创造性产出的直接作用，例如，Tierney 等（1999）研究证实了员工对任务的内在动机与员工的创造性（主管评估的创造性、发明创造、研究报告）正相关，当员工和领导对任务的内在动机都很高时，员工的创造性会显示出高水平。此外，内部动机对于创造性产出的中介效应也被大量研究，如外在报酬或奖励可能会通过降低个体内在动机进而降低创造性（Deci，1972；Hennessey，2000）。Therney 和 Farmer（1999）检验了一家大型化工公司中员工特征、领导特征及员工与领导的关系对创造性绩效的影响，结果发现员工的内在动机及其与领导的关系与员工创造性绩效正相关；员工的内在动机与领导的内在动机的交互作用与员工的创造性绩效正相关。张剑等（2010）也指出，处于复杂的组织情境中的员工创造性活动是一种需要一定水平的内部持续动力的复杂活动，进而，有关内部动机、自我效能感（Stajkovic and Luthans，1998）等动机因素的中介作用尤其值得进一步探讨。在内部动机有益于激励创造性产出这一命题的研究基础上，不少研究者意识到组织情境中的某些因素变化可引起内在动机的改变，如领导风格和行为，进而他们都围绕能识别影响内在动机的相关因素及其与创造性间的关系展开了研究。Shin 和 Zhou（2003）研究并证实了内在动机对变革型领导行为与下属的创造性之间的正向关系具有部分中介作用，而对变革型领导行为与下属的保守性间的交互作用与下属创造性之间的关系则具有完全中介作用。

（二）情感对创造性产出的激励作用

情感（emotion and mood）是最近十年组织心理学中研究较多的、影响创造性产出的最重要的主题之一。研究者们认为，之前的研究强调理性和量化的管理思想，一度导致组织中的情感研究相对滞后（Brief and Weiss，2002）。实际上，组织环境中充满了包含情绪和心境的多种情感形式（Kaufman and Vosburg，1997；Basade and Gibson，2007），这些情感存在于员工工作的各个环节中，会影响甚至决定着员工的工作动机、意愿，而之后的工作过程和后期的工作结果及其评价等也又会给员工带来新的不同的情感体验（如愉快、骄傲、焦虑、忧郁、愤怒等），并可能持续影响员工的后续工作。换句话说，创造性产出的形成既被情感体验影响，又形成了复杂的情感体验（Amabile et al.，2005）。Amabile 等（2005）对 7 个公司的 222 名员工的日志进行了定性和定量分析，研究考察了工作中情感与创造性是如何关联的，提出了组织中情感—创造性循环模型（the organizational affect-creativity cycle）。她们的研究通过考察情感与创造性关系的性质、形式和可能的动力机制，发现组织中积极的情感与创造性正相关，并且这种关联是一种简单的线性关系；同时指出，情感是通过认知过程对创造性产生影响的，因为某些积极的情感体验能促使个体抛弃那些长期使用的（time-tested）或者日常的行为模式，去追求新颖的、创造性的、没有模式限制的思想和行动，或者简单地讲，即积极的情感有助于打破惯性和依赖，寻求改变和突破。之后，时滞分析又识别出积极的情感是创造性想法的前驱变量，有大概 2 天左右的培养期/孵化期；而定量分析则识别出，积极的情感既是创造性思想事件的结果，又是创造性过程的伴生物。组织中情感—创造性循环模型包括所有上述关联，并提出了上述关联运行的机制。但与 Amabile 等（2005）的研究相反，也有其他研究发现，消极情感与创造性正相关，指出由于当前的情绪是一种信息线索，积极的情绪显示的信号是"一切都好"，而消极的情绪显示的是"某些事情出了问题"。在"一切都好"的信息指引下，人们倾向于安于现状、停滞不前，在"某些事情出了问题"的信息指引下，人们因此被激发去工作。例如，George 和 Zhou（2002）认为，人们了解当下的情感状态，也清楚地知道需要创造，他们将积极情绪解释为这样一种信号：他们在创造性活动中的努力和持续性已经满足了创造性的目标，无须投入更多的努力，在这种条件下，积极情绪与创造性负相关。相反，消极情绪传递了他们需要更多的努力和坚持这样的信号，从而消极情绪与创造性正相关。

迄今为止，学者们对情感与创造性之间的关系的看法还并未取得一致，仍没有形成一个能合理反映两者关系的理论模型（James et al.，2004；Amabile et al.，2005）。有的学者认为是正相关（Isenet al.，1985；Hirt et al.，1996；Vosburg，1998）；有的学者认为是负相关（Martin et al.，1993；George and Zhou，2002）；有的认为是曲线关系（James et al.，2004）。而且，由于大多数研究都是基于实验研究基础，因此还需要在组织环境中进一步寻找证据。研究了情感与创造性绩效关系的大量文献后，张剑等（2010）认为，处于复杂的组织情境中的员工创造性活动是一种需要一定水平的内部持续动力的复杂活动，探讨情感与员工创造性绩效关系将是最有前途的方向，将两者关系的研究置于特定的组织背景中，有可能取得稳定性的结论。现有研究只是初步探讨了人格因素、任务特征、主管支持、奖励与认可及情感持续时间对员工创造性的调节作用，还有大量组织背景中的管理性因素没有研究。探讨情感的动力作用，从而建构环境因素与个体情感及其与员工创造性的关系模型将有助于揭示情感与员工创造性关系的全景。

（三）组织情境因素对创造性产出的影响及激励作用

Woodman 等（1993）将个体创造性纳入社会情境中进行考察，从而提出了创造性交互模型。他们认为，个体的创造性行为是先决条件（antecedent conditions）、创造性、人格个性、知识、内部动机、认知风格和能力、社会影响和情境影响的函数。即创造性是在给定情形中人的行为的一种复杂产物，情形则取决于社会和特定情境的影响，它可能促进也可能制约创造性成果。个体创造性行为是群体创造性行为的投入，群体创造性是组织创造性的投入，创造性行为是人与环境在社会组织中各个层面上复杂交互的结果。不少研究者在创造性交互模型的影响下，考察了众多组织情境因素对创造性产出的激励作用，如报酬奖励、领导风格和行为、工作环境及特征、组织文化及氛围、组织目标与战略等。围绕本书涉及的相关组织情境因素，以下主要回顾考察报酬奖励以及领导风格和行为与创造性产出的研究成果。

1. 报酬和奖励对创造性产出的作用

报酬和奖励通常被看作是一种源自工作任务以外的强制因素（外部动机），不少研究者关注了报酬奖励与创造性产出的关系，但并未取得一致结论。有的研究认为，奖励对内部动机有负向作用（Deci，1972），进而对创造性也具有负向作用（Hennessey，2000）；有的研究认为，报酬和奖励具有一定信息价值，并且体现了对个人能力的承认，因此有助于促进创造性（Eisenberger and Armelie，1997；Eisenberger and Rhoades，2001；Eisenberger and Shanock，2003）；还有的研究认为，奖励对于创造性并非总是负向的影响，有时也有正向的影响（Amabile et al.，1986）。上述不稳定结论在一定程度上可能意味着两者之间蕴涵着更为复杂的关系，需要结合其他情境条件分析。Baer，Oldham 和 Cummings（2003）研究了报酬、工作复杂性、员工认知风格之间对员工创造性的影响，结果表明，在员工的适应性认知风格以及相对简单的工作条件下，外在报酬与员工创造性正相关；在员工的适应性认知风格和复杂性工作以及创新性认知风格和相对简单的工作两种条件下，外在报酬与员工创造性负相关。还有的研究发现，当领导就员工提出的工作创意积极回应，并能更具体地落实为口头赞赏或者物质性的奖励时，员工创造力将会得到更大程度的激发（Amabile et al.，1996；Amabile，1997）。

2. 领导行为对创造性产出的作用

领导行为是对员工创造性影响最重要的组织因素之一，领导可以通过确立组织目标，分配组织资源，评价员工业绩，决定员工激励机制等组织事项，对员工的行为产生深刻影响。在对情感与创造性的研究中，很多学者指出，特定情感的影响效果与情感体验的背景密切相关，背景决定着情感信息的含义及重要程度，人们正是根据背景所提示的信息确定总体目标，从而进一步判断工作投入及产出的现状（George and Zhou，2002；Martin and Stoner，1996）。领导行为往往可能引发员工的特定情感，并影响员工对创造性工作投入与产出的判断，进而对员工的创造性施加影响。此外，Deci 和 Ryan（1985）的研究表明，员工的内部动机与领导行为有关联，当员工感知到领导对于工作的支持时，领导行为也会影响到员工对于工作的判断。

总体来说，领导对员工的鼓励和组织的支持对员工的创造性有益。Scott 和 Bruce（1994）发现，领导成员关系质量与员工的创造性绩效正相关，创新性工作氛围对两者关系具有中介作用。Oldham 和 Cummings（1996）的研究表明，领导对员工表现为支持、非控制性管理行为时，有创造能力且从事复杂有挑战性工作的员工的创造性产出往往较高。Tierney 等（1999）考察了员工的内在动机导向、认知风格和领导成员关系质量对员工创造性的影响，发现员工和领导的内在动机的交互作用、领导成员关系质量和员工认知风格的交互作用会影响员工的创造性。Tierney 和 Farmer（2002）的研究验证了工作任期、工作自我效能、主管领导的支持和工作复杂性与创造性自我效能正相关，而创造性自我效能与创造性绩效正相关。Madjar 等（2002）研究了领导和同事、家人和朋友对员工的支持与其创造性间的关系，结果表明，支持会引发积极的情绪状态进而有助于创造性提高。Shin和Zhou（2003）检验了变革型领导行为对员工创造性的促进作用，发现员工的保守性对两者关系具有调节作用，而员工内在动机部分中介了变革型领导行为与员工创造性之间关系，完全中介了变革型领导行为、员工保守性与员工创造性间的关系。Amabile等（2004）的研究表明，领导行为能影响下属对领导提供帮助以及情感支持的感知，从而进一步影响下属的创造性。George和Zhou（2007）探讨了领导对于员工的支持与员工的情感状态对其创造性产出的影响，领导支持包括为员工提供启发性反馈、让员工在人际交往中感受到公平和被员工信赖三个方面，考察员工情绪与领导支持性之间的交互作用，研究发现领导支持水平和员工在创造前期的积极情绪水平都较高时，创造后期的消极情绪与创造性正相关；而当领导支持水平低时，不管员工在前期积极情绪水平如何，消极情绪都与创造性没有明显的相关性。研究成果证实了组织环境或领导的支持或员工与组织/领导之间关系对员工创造性具有重要意义。

截至目前，国内关于组织中创造性产出影响因素或激励研究还很少，研究方法主要采用情景实验和问卷调查方法（张剑和王维才，2005；张剑和郭德俊，2006；郭桂梅和段兴民，2007）。张剑和岳红（2007）的研究发现，领导支持是中国企业创造性组织情境的重要因素，它对员工创造性绩效具有直接影响，此外，还往往通过与组织鼓励、资源充沛等其他情境因素的相互作用，渗透到组织情境的多个方面对员工的创造性施加影响。张剑（2003）先后以459名、999名企业员工为探索性、验证性研究的被试，研究了影响员工创造性绩效的组织情境因素及动机机制，研究发现，影响我国企业员工创造性绩效的组织情境因素可以概括为领导支持、组织鼓励、资源充沛和任务挑战四个方面。张剑等（2009）从领导特质、领导行为及领导情境角度对领导与员工创造性绩效的关系的研究文献进行梳理，探讨了领导对员工创造性绩效影响的中介机制，提出引入动机、情绪等中介变量，并建议结合自我决定理论等动机研究领域中的新近成果建构影响机制模型。王端旭和洪雁（2010）以我国杭州、宁波、湖州等地企业 181 名员工为研究样本，检验了我国企业环境中领导支持行为与员工创造力的关系，实证结果表明，领导支持行为对员工创造力有显著正效应，内部动机和心理投入在领导支持行为与员工创造力关系中发挥中介作用。

三、文献评析

近几十年来，社会心理学学者在基础层面先后提出了多种理论及模型探讨环境对个体创造性的影响，组织行为学学者在应用层面也积极探讨了影响员工创造性行为的组织环境因素及其作用机制，在这些研究的推动下，创造性产出研究日益成为激励研究领域中的新焦点。然而，相关的研究结果主要是基于实验室实验和样本相对有限的调查问卷，实验室实验研究结果还有待进一步选择在更多样化和真实的企业环境中展开外部效度更高的大样本研究，而调查研究的结果经常又是主观和易于受到环境影响的，因此，还有待来自采用其他研究方法和数据来源，如采用外部公开数据资料等进行研究的结论印证。

薪酬是重要的外在激励措施，不少研究者关注了报酬奖励与创造性产出的关系，但迄今为止，学者们对薪酬奖励与创造性产出间关系的看法存在分歧，这在一定程度上可能意味着两者间关系的复杂性和深入研究的必要性。而且，在以往的激励研究中，关注的激励机制和形式以绝对报酬和业绩评价形式为多。高管员工间的薪酬差距同时涉及高管和员工两个群体的激励问题，而且，它所反映的是两者间相对业绩评价或相对报酬比较结果，与以绝对额进行业绩评价确定薪酬的激励机制相比，这种通过相对业绩评价实施激励的措施有助于节约监控成本。而创造性活动的内隐性通常较强，有效监控的成本往往较高，因而，薪酬差距这种机制在创造性活动的激励中可能具有效率优势。此外，据已有研究显示，与他人保持竞争的个体的创造性总体上要高于与他人无竞争的个体的创造性（Shalley and Oldham，1997），而另外，组织不公平可能导致员工心理契约违背并进而使与员工创造性有关的任务内绩效和组织公民行为降低。据此，薪酬差距上所表现出的竞争性和公平性可能是同时影响员工创造性产出的两个方面。综上所述，作为一种激励机制，高管员工间薪酬差距与创造性产出间的关系可能具有一定研究价值。

小结

通过对薪酬差距与产出关系以及创造性产出激励机制研究成果的梳理可知：

以往研究文献中多侧重于薪酬差距竞争性或者公平性的单一属性对产出激励的研究思路，薪酬差距的竞争性和公平性具有一定的内在统一性，同时关注高管员工薪酬差距的竞争性和公平性以及它们对产出的综合的激励效果，可能有助于进一步地全面理解薪酬差距的激励效应。

在以往创造性产出激励机制的文献中，以关注绝对报酬和业绩评价形式的激励机制和形式的研究为多，高管员工薪酬差距反映了相对业绩评价或相对报酬比较结果，是重要的企业激励措施，而且在监督内隐性强的创造性活动中具有节约监控成本的优势，它可能是一种能同时影响高管和员工两个群体创造性投入变化的外部强制变量，为此，其与创造性产出间的激励关系研究可能具有一定的研究价值。

高管员工薪酬差距与创造性产出：基于董事长特征的视角

Chapter 4

第四章 理论基础

本章介绍激励理论关于薪酬差距问题的分析框架以及新领导理论框架下领导对组织激励的支持作用。第一节评述与薪酬差距激励效应密切相关的锦标赛理论和公平理论的研究框架，为分析高管员工薪酬差距与创造性产出总体关系提供理论准备。第二节评述新领导理论关于领导对组织激励作用的观点，关注领导在激励中的支持作用，为分析董事长特征影响薪酬差距激励机制进而调节薪酬差距与创造性产出关系提供理论准备。

第一节 相关激励理论对薪酬差距的研究框架

企业的激励机制是一种促使员工充分释放其内在能量为企业所用的管理方式，在良好的激励环境中，员工潜能的80%都可以被激发出来，相反，在缺乏激励的环境下，员工较为被动地工作，通常只能发挥其潜能的20%～30%（Douganthony，2001）。激励理论的一个重要目的在于确定影响人行为的因素及其对周边环境（包括其他人的行为）中刺激因素的反映方式。显而易见，在复杂的组织环境中，员工会受到多种因素的影响和驱动，这些影响包括自我识别和评价、被组织和其他人识别和评价等。激励理论自20世纪初发端以来，至今已有100余年，研究内容涉及心理学、经济学、管理学及社会学诸多领域。从激励理论发展过程看，薪酬是最早被识别出的激励要素，并对其以经济人假设建构了多种激励理论；之后，学者们又探讨了更多其他的激励要素，突破了“经济人”假设，开始关注人的心理和行为，产生了内容型激励理论和过程型激励理论；随着激励理论的进一步发展，有学者又开始整合现已发现的激励因素，尝试建构多因素激励模型，不同激励理论有了某种融合的倾向。

薪酬差距作为一种激励机制，不同激励理论给予其的解释不同。与薪酬差距激励相关的激励理论主要包括锦标赛理论和公平理论。锦标赛理论认为，在不同雇员之间设立差异化薪酬，以经济收入的相对差距来吸引雇员参与竞争，由此可以激励雇员提高其投入水平（结果会带动产出的增加），这是从“经济人”假设角度对薪酬差距激励机制的理解。但是，关注人行为和心理因素的激励理论认为，雇员除了受经济利益引导外，还具有其他心理需求，如公平偏好，公平理论对薪酬差距激励机制的理解采用的正是这样的视角。该理论指出，人们会对薪酬进行比较，若比较结果显示存在薪酬不公平，雇员则可能因此减少投入甚至实施反生产行为（结果会导致产出减少）。薪酬差距可能意味着不公平，进而其对产出的激励可能是负向的。

对薪酬差距激励机制的不同理解，一定程度上反映了不同激励理论的冲突；但如同不同激励理论可以进行融合一样，这种对于薪酬差距激励效应的理解冲突似乎也有化解的可能。因为实际上，单纯从上述两个角度分别理解薪酬差距的激励效应似乎都有所偏颇，在薪酬差距激励产出过程中，对竞争和公平的要求应该可以是统一和相容的。以下，我们分别评述锦标赛理论和公平理论对薪酬差距的研究框架，并对其进行整合进而提出本书关于薪酬差距激励的理论分析思路。

一、锦标赛理论关于薪酬差距激励的研究框架

薪酬收入是最早被激励理论研究的因素。20 世纪初期的激励理论认为，雇主实质上是用工资来购买或交换工人的时间、兴趣、努力和贡献。这种报酬交换理论可能是最早一种被广泛接受的激励理论（哈里等，1988），在“经济人”假设基础上，以“经济收入最大化”刺激员工的积极性进行的机制设计，似乎准确地描述了当时员工对现实环境的反应。后续的研究对这种绝对货币薪酬激励进行了扩展，增加了对闲暇等效用的考虑，形成了“效用最大化”激励机制，建立了一系列包括著名的委托代理激励理论、动态激励理论和锦标赛理论等激励理论。其中，锦标赛理论是关于通过相对业绩比较实施激励的激励理论，为后续大量的针对高管团队以及高管员工薪酬差距激励效应的实证研究提供了理论框架和研究基础。

20 世纪 80 年代初期，Lazear 和 Rosen 提出了不同代理人间以相对业绩比较方式对其进行激励的观点。Lazear 和 Rosen（1981）认

为，组织内存在的晋升和与之相伴的奖励就像是一场要连续排除对手的竞赛，最后的赢家会获得职务晋升和奖励，该理论因此被称为锦标赛理论。他们用其解释了高管团队内部不同成员间薪酬差距随着职务级别的升高而不断增大的现象。他们指出，如某个人某一天从副总经理晋升为总经理，他（她）的薪酬将在一天内成倍地增加，但其实很难说这个人的能力在一天内就发生了巨大的提升。传统的经济学理论认为薪酬水平由边际产出决定，难以对此进行解释。但是，若将代理人看作晋升竞争中的比赛者，而这是个“连续排除对手的竞赛”（sequential elimination tournament），赢家将获得全部奖金，则这个现象就可以得到合理的解释。即 Lazear 和 Rosen（1981）认为，随着行政层级的提高而出现的薪酬增长不是平滑的；相反，薪酬的上升幅度存在“拐点”。这种强调行政层级作为薪酬推进器的观点在一定程度上与人力资本理论相反。在基于锦标赛理论的薪酬方案中，高管薪酬取决于其业绩排名，即相对业绩比较，而非业绩本身。或者说，薪酬并不取决于某一次竞争的产出水平，而是事先预定的。

锦标赛理论认为，通过将代理人的绩效和相似条件下其他代理人的绩效进行比较，在一定程度上能发现代理人的努力程度。由于不同职位之间的薪酬差距以及晋升到更高职位可以带来的预期收益，这种安排将能对高管人员提供充分激励。在设置经理人的初始绩效时，将其与类似经理人的初始绩效水平进行比较，考虑该初始绩效的挑战性以及激励程度，才能设置出具有竞争性的标准以及奖惩制度。他们同时认为，普通员工晋升到经理的过程如同买彩票，希望获得的奖励越大，需要投入的也越多，当预期所获奖励超过其投入成本时，员工就会产生足够动力谋求晋升获取差距薪酬。Rosen（1986）也指出，当晋升能使普通员工获取超额的奖励时，那么就能对其产生足够的激励效应，使其树立更高的目标，追加更多的投入，所以应随着职务的提高设计不断增大的薪酬制度，诱导雇员投入更多的努力。与此相关，Jensen 和 Meekling（1976）以及 Gibbons 和 Murphy（1990）的研究也都显示，为了薪酬与晋升而进行的竞争可以激发代理人努力工作，预防可能出现的偷懒和“搭便车”的行为。即，概括来看，锦标赛理论认为在晋升和奖励制度下，内部薪酬差距的激励直接作用于代理人的努力投入水平，薪酬差距（竞赛奖金）越大，参与人的竞争动力会越大，足够大的薪酬差距将能激励代理人增加投入，进而会对其绩效产生正向激励作用。

此外，锦标赛理论还认为，在监控难度较大的情况下，锦标赛似的激励优越之处尤其明显。因为其是基于代理人的边际产出的排序确定薪酬，这比传统上需要按代理人的具体边际产出定薪更容易，可以有效地降低监控成本。Green 和 Stokey（1983）也指出，这种锦标赛式的薪酬模式在个人产出受到共同因素影响时表现优于其他薪酬模式。早期的锦标赛理论主要用于解释同一层级的代理人之间（如高管团队成员之间）的薪酬差距效应，之后又被扩展用于解释不同层级的代理人之间（如高管与普通员工之间）的薪酬差距效应。

二、公平理论关于薪酬差距激励的研究框架

随着激励实践发展，人们逐步认识到薪酬激励，包括各种鼓励工资及奖金项目，并非总是能为雇主换来员工的兴趣、承诺、工作热情和相应的贡献。而第二次世界大战后，伴随着行为理论的迅速发展，激励理论也开始关注心理和行为因素对员工的影响，并形成了新的激励理论。概括看来，新的激励理论摒弃了“经济人”假设，关注人到底追求什么以及行为的方向和渠道是什么。前者旨在寻找促使个体努力工作的具体因素，形成了所谓的内容型激励理论学派，如马斯洛的需求层次理论、奥尔德弗的 ERG 理论、赫茨伯格的激励—保健理论和麦克利兰的学习需要理论。后者则试图探寻个体行为的方向或渠道，寻找员工激励的动力所在，形成了所谓的过程型激励理论学派，该学派重视从外在诱因入手研究激励问题，认为激励在人的心理上是个相当长的过程，激励过程需要考虑从动机的产生到采取具体行动的心理过程，并侧重研究人们选择其所要做的行为过程以达到组织预定的目标。过程激励学派较有影响的理论包括弗洛姆的期望理论、斯金纳的强化理论、亚当斯的公平理论以及洛克的目标设置理论等。其中，亚当斯的公平理论对后续以行为视角研究薪酬差距激励效应的学

者产生了深刻影响，为大量实证研究提供了理论分析框架。

（一）分配公平的概念框架

1963 年，亚当斯提出了公平理论（equity theory），从收入分配结果是否公平的角度研究激励，为分配公平的激励效应研究做出了开创性的贡献。

公平是社会心理学中一个重要的构念。一般看来，“公”指公正、合理，能获得广泛的支持，“平”指平等、平均。公平一般是描述资源分配的一种理想状态，由于在判断上没有统一标准，也就没有绝对的公平，而只是一种主观判断或感受，因此公平也被称为公平感。当一种行为结果被大多数人认可时，公平就实现了（Cropanzano and Greenberg，1997）。

公平理论中的分配公平是建立在社会交换理论以及社会比较理论概念框架下的。社会交换理论阐明，员工与企业之间存在着一种交换关系，强调对等或互惠，相应的付出要求同等的回报，否则就会感到不公平。社会比较理论指出，出于对自身能力、表现、观点乃至情感的稳定认识和评价的需要，人们往往与他人进行比较，这种通过与他人比较进行自我评价和判断的过程即社会比较（Suls，2000）。在企业中，能力大小和表现优劣一定程度上可以通过报酬多少来反映，员工往往通过将自身报酬与其他成员的报酬进行比较，来实现评价自身能力和绩效的目的。亚当斯认为，公平主要指报酬数量分配的公平性。因此，公平理论提出，人们在社会活动中相信应该按照个人的贡献水平来进行收入的分配；人们不仅关心自己收入的绝对量，而且关心自己收入的相对量。他们将自己的收益与自己的投入的比率与参照比较对象的这一比率进行比较，若两个比率相等则产生公平感；反之，则会产生不公平感。比较对象可以不同，既可以是组织内的，也可以是组织外的。

在组织中，普通员工常常会与高层管理人员进行比较，来评价自己收入的合理性。这与社会比较理论中的上行比较趋势相对应，即人往往愿意与比其表现更优秀的人进行比较，也与社会身份认同理论的观点一致。社会身份认同理论（social identical theory）是社会比较理论后续发展的分支之一，依照该理论，组织成员的自尊和身份认同部分是通过与其领导的社会比较过程决定的（Lord and Brown，2004），并通过不断与领导进行的社会比较保持对团队的认知，同时建立对自我的认知，从而表明领导是影响个体社会身份认同过程中的重要因素。

该理论偏重于分配的结果，也被后人称为“分配公平”（distributive justice），以与之后出现的程序公平、互动公平等其他组织公平维度相区别。

（二）分配公平的衡量及结果

Adams 提出了衡量分配结果公平的公式：$Q_p/I_p = Q_o/I_o$，Q 表示人对所得的感受，I 表示人对投入的感受，p 代表自身，o 代表比较对象；即，等式左边表示人对自身投入产出比评估后的感受，右边表示人对与其比较对象的投入产出比的感受。当等式成立时，人们认为自己的投入产出与其他人相当，会认为收益分配是公平的；当等式不成立时，人们会感受到不公平。

比较后呈现的公平与否的结果首先会影响人们的情绪，公平的结果会使人心情舒畅，情绪平静或积极，而不公平的结果则使人或喜或悲，当左边大于右边，人们认为自己的投入产出高于其他人时，会感到高兴，但同时也会因这种利他不公平对他人产生同情，有时甚至会感到不安；当左边小于右边，人们认为自己的投入产出比低于其他人，他们对这种利己不公平通常会产生急躁乃至愤怒的情绪，以及嫉妒心理，甚至会满腹牢骚、消极怠工。

之后，上述情绪会进而影响到人的行为，导致其采取各种行动改变这种不公平的状态，来使比较结果重新平衡。特别地，当人处于投入产出比低于他人状态时，其较为常见的行为可能是：或者减少自身投入水平或要求增加所得，或者希望比较对象增加投入或减少所得，或者离职。

（三）公平对于激励机制的意义

在企业中，对分配结果的公平程度评估后，员工会根据所获信息做出反应，激励机制应予以关注。概括地看，为有效实施激励，公平理论所揭示的意义在于，要保障员工对分配结果的公平感，否则将导致产出效率和效果的损失。后续研究中也有一些探讨公平对激励作用的成果。如 Dur 和 Glazer（2004、2008）的研究表明，员工由利他不平等引发的嫉妒心理会提高报酬契约的激励强度，降低员工的努力水平，从而降低雇主的期望收益值。蒲勇健、郭心毅和陈斌（2010）的研究也发现，公平是激励机制中的一个重要因素，以公平为基础的委托代理模型可以很好地解释普遍存在于委托人和代理人之间的互惠性合作关系，基于公平偏好的最优激励更加具有效率，能为契约双方带来更高的利润。

三、锦标赛理论和公平理论的对立和统一

不同的激励理论所关注的影响人行为动机的因素往往不同，实际上，激励理论发展的多年里，大多数激励理论都主要侧重于研究人类行为动机模式中的一个或几个环节，而对整体的人类行为动机模式疏于探讨。进入 20 世纪 90 年代以来，不断有学者在以往激励理论基础上，开始对不同激励因素进行整合，探索更为一般化的综合的激励模式。如波特和劳勒提出的包括努力、绩效、奖酬、满足等变量的整合模型，哈里·E. 威尔金森等人在修正了诸多现存的激励观念基础上提出的集合模型等。

在高管员工薪酬差距激励机制中，锦标赛理论侧重研究经济因素，而公平理论则侧重研究行为和心理因素，两种激励理论侧重点不同。但其对人行为动机的影响却并不一定是对立的，相反，锦标赛理论所强调的竞争和公平理论所强调的公平在同时激励高管员工时是可以达成统一的，它们具有内在的互补性。实际上，公平理论所论述的公平对激励的意义首先是保障性的，继而才是促进性的。而任何竞赛的前提都应该是公平的，所以锦标赛理论所论述的竞争对于激励的意义必须建立在公平的基础之上。如此，本书试图联合考察公平和竞争在激励中的作用，这样的分析思路可能有助于进一步深化对薪酬差距激励机制的认识。

第二节　新领导理论框架下领导对激励的作用

领导的关键角色之一是为组织制定战略目标并使所有组织成员努力遵循这些目标（Messick，2005）。为此，领导可能会关注为实现组织目标而制定的激励机制，并利用其权力和影响力对激励机制设计进行干预，提供支持作用。作为个体社会身份认同过程中最重要的影响因素，领导通过干预激励机制所实施的支持行为，可能会积极影响员工对激励机制的理解，进而有助于促进组织目标的实现。新领导理论强调高层领导者在组织目标和激励上的作用，其对领导者及其职责的界定较好地诠释了领导在组织激励中的这种支持作用。以下，我们将评述新领导理论框架下的领导行为特征及其对激励的作用，从而为后续董事长特征所反映的领导行为影响激励机制提供理论分析的基础。

一、新领导理论框架下的领导行为

20 世纪 80 年代，新领导理论学派兴起，这是英美领导理论研究领域中的重要的转向性的标志。新领导理论强调高层领导者的作用（Bryman，1992；Hunt，1999），而之前传统的领导理论则往往更多聚焦于较低层级的领导者及其行为（Day and Lord，1988；Zaccaro and Horn，2003）；对领导内涵的认识也更为独立，认为“领导”与“管理”应有较为明确的分野，管理是为保证复杂的组织按一定秩序协调运营而实施的，而领导的意义则在于回应组织系统内外的变革诉求，引发变化和创新，是一个影响个体和群体确立和实现共同价值观和目标的过程。领导过程的实现需要借助确定方向、促使人们结盟、动员与激励的方式实现（文茂伟，2008）。新领导理论包含诸多流派，如魅力型领导理论、变革型领导理论、愿景型领导理论等。但总体看来，这些理论所反映的领导行为具有一些重要的共同特征。

具体来看，首先，新领导理论主要聚焦的是高层领导者的行为，与此对应，对领导如何影响组织愿景和目标的行为研究较为活跃，凸显了领导在组织愿景和目标构建及传达中的重要作用。例如，Bennis和Nanus（1985）建立的愿景型领导理论提出，领导者是“组织设计师”，其有效的领导行为和特征主要应围绕构建组织目标和激励员工（追随者）展开。领导者要能描绘出组织的清晰愿景，并借助适当的沟通方式使员工认同这个愿景并对其建立承诺，而且，还需充分利用个人能力向员工提供持续的支持，激励员工去实现愿景目标。其次，新领导理论所研究的领导行为较多地聚焦于组织的变革与创新，而之前的领导理论中侧重研究的多是对下属如何进行监管的领导行为。最后，新领导理论强调领导行为方式以情感、价值观和信念为基础，以激励、授权与发展追随者为主，而非单纯的管理、监控等交易关系管理；由于激励、授权与发展追随者都是在领导者和追随者互动的过程中进行的，而互动过程的结果在很大程度上取决于双方的交流水平，领导者的表达和交流水平就显得更为重要，与之相关的领导素质和行为因此得到了更多关注。例如，House（1977）的魅力型领导理论描述的领导风格是通过改变下属的态度、信仰和价值观来实现领导，进而对员工的工作绩效和工作态度产生积极影响的。领导的这种影响力源自其个性、行为特征、技术专长乃至愿景的吸引力等因素（House，1977；Bass，1985；Conger and Kanungo，1988）。总的看来，新领导理论框架下的领导行为突显出了领导对于组织目标和激励的支持作用。

二、领导对激励的影响过程及相应的领导行为特征（影响力来源）

（一）领导行为对激励的影响过程

新领导理论认为，领导者要关怀员工并对其提供支持。通过提升员工的需要层次和内在动机水平，领导者可以激励员工不断地实现并超越自我，为更高的目标不断努力。在这个过程中，领导者能把员工从自我中心的个体改造成忠于群体的成员，激发他们取得超出预期的成绩（Bass，1985、1997；Bass and Avolio，1995）。

Bass（1985）认为，领导者对于激励的影响作用主要涉及三个过程：第一步，是领导者强化追随者关于愿景重要性和价值的认识；第二步，是领导者引导追随者为了集体的利益和目标而超越个人私利；第三步，是领导者激发并满足追随者的高层次需要。Conger 和 Kanungo（1988）则强调价值观的内在化是员工在履行组织使命的过程中产生内在激励的重要动力。据此，他们认为，领导实施激励包括两个过程：一是下属追求领导者的个人认同，这源于下属取悦和模仿领导者的强烈愿望；二是下属将领导者提出的价值观和信仰内在化。那些能清晰阐述美好愿景和目标的领导者，能使下属将他们的观点和态度内在化，使其真正接受领导者的态度和信仰，而非简单地模仿领导者的语言和行为习惯。Shamir、House 和 Arthur（1993）则提出了更完整的理论来说明领导的激励作用。领导的激励是通过变革追随者自我概念、融合追随者认同和组织集体认同实现唤醒与转化追随者动机的过程，其中，诉诸终极价值和强化追随者自尊与价值意识是这一过程的关键。杰出的领导者往往可以通过下列行为对追随者的动机产生正面影响：清晰地提出一个意识形态的目标，这一目标能体现与追随者所信奉的相一致的终极价值；有选择地唤醒与愿景目标实现相关的追随者动机，使追随者的自我评价在较大程度上以目标实现为基础；表现出对追随者的信心、正面评价和对其取得优秀绩效的期望，以增强其自尊和自我价值意识；将目标以及所需的努力同追随者自我概念中的积极方面相联系，利用自我表现、自我肯定的动力，进一步强化追随者的自尊和自我价值；强调概念化的、集体的终极价值，以此鼓励追随者由功利主义取向转向道德责任、从关注个人所得转向关注为组织所做的贡献。这种激励过程说明了追随者的自我牺牲行为和他们对愿景及组织的认同，说明了领导改变追随者的自我概念，把追随者的认同和组织的集体认同联系在一起。

（二）成功实施激励的领导行为特征（影响力来源）

领导成功实施激励主要是透过其个人的人格力量和魅力的作用，此外，还有学者认为同时也与追随者的个性特征以及组织情境因素相关（House，1977；Bass，1985）。而领导者的人格魅力则主要取决于领导者的个性、行为特征、技术专长等因素（House，1977；Bass，1985；Conger and Kanungo，1988）。Bass（1985）指出，领导者的某些行为特征会使员工对其产生信任、尊敬及忠诚。而这可能正是领导影响员工的价值和信念，引导其超越自我利益，追求更高目标，成功实现激励的基础。

House（1977）根据已有的社会学和政治学文献中关于魅力的描述，为有助于形成领导者魅力的个性特征及行为表现归纳出了一系列可验证的命题，其中个性特征包括支配性、渴望影响他人、自信和坚定的价值观；行为表现包括树立榜样、显示能力、清晰地表达目标、表露高期望、唤起动机和表露信心。Conger 和 Kanungo（1988）认为，领导者行为中有 6 个比较稳定的维度可能会使其追随者感知到领导者的天赋，从而愿意全力支持和忠于领导，并接受领导的激励。这 6 个维度包括：对环境的敏感性（如识别机会和限制）、对追随者需求的敏感性、对抗现状、愿景清晰度、非传统的行为方式和勇于承担个人风险。此外，Conger 和 Kanungo 还认为，领导者成功实施激励所需的权力和影响力还来自技术专长和愿景的吸引力，特别是在商业组织中，相关愿景涉及盈利战略时，必须建立并维持对技术专长的感知。Bass 和 Avolio（1993）则强调以下四个领导特征：第一，领导者应具备个人魅力或理想化影响（charisma or idealized influence）的素质，领导者应了解能影响企业未来发展的因素，提出吸引人的愿景目标及相应的实现策略，能凝聚起不同组织成员的注意力并获得足够支持，能通过有效的沟通渠道和方式使愿景目标顺畅地被传达。第二，领导者应具有提升员工工作动机的能力，通过动机鼓舞（inspirational motivation），领导者应能提升员工的工作期望和信心。第三，领导者应能提出新颖的构思和观点，对员工实现智能激发（intellectual stimulation），诱发员工思考，鼓励其创造性地解决问题。第四，领导者应关注员工需要，提供个性化关怀（individualized consideration），这要求领导者要考虑不同员工的差异化需求，并根据差异化的需求为员工提供不同的支持。Sashkin 和 Sashkin（2003）则认为，自信、授权和有远见是领导者最为重要的 3 种个性特征。

三、新领导理论框架下领导对激励机制的影响

新领导理论强调高层领导者的作用，重视企业变革和创新，强调对组织目标和愿景的构建及传达，领导方式更侧重激励，而非单纯的管理和监督，倡导领导者和追随者间实施密切地互动，由于互动过程的结果在很大程度上取决于双方的沟通和交流水平，对领导者个人素质，如在表达和交流方面的能力要求更高。新领导理论框架下领导行为的这些特征决定了企业的高层领导者对企业各种激励机制会给予较高程度的重视。具体到高管员工薪酬差距激励机制上，首先，领导可能会在薪酬差距目标制定中保证各方的充分沟通和交流，使薪酬差距目标设定能反映高管和员工各方的意志，从而兼顾薪酬公平和竞争的双重需要；其次，在目标确立后，领导可能会充分施展其影响力获取高管和员工各方对目标的较高水平的组织承诺，并化解潜在的矛盾和冲突，促进激励目标的实现。总的看来，领导行为会对兼顾公平性和竞争性的薪酬差距激励机制的建立和实施具有正面的促进作用。

小结

以不同的激励因素为视角，首先，本章评述了与薪酬差距激励效应密切相关的两种激励理论——锦标赛理论和公平理论，并依照两种理论的内在联系和激励理论的整体发展趋势，指出了两种理论存在内在互补和融合的可行性。公平理论所论述的公平对激励的意义首先是保障性的，而任何竞赛的前提都应该是公平的，所以锦标赛理论所论述的竞争对于激励的意义必须建立在公平的基础之上。联合考察公平和竞争在激励中的作用的研究可能有助于进一步深化对薪酬差距激励机制的认识。其次，本章阐述了新领导理论框架下领导者的领导行为特征及其对激励的作用，并指出，领导行为会对兼顾公平和竞争的薪酬差距激励机制的建立和实施具有正面的促进作用，从而为分析董事长特征所反映的领导行为如何影响薪酬差距竞争性和公平性，调节薪酬差距与创造性产出关系做了理论上的准备。

第五章 理论分析及研究假设

本章分两节，第一节分析高管员工薪酬差距竞争性和公平性在薪酬差距激励机制中的作用，并探讨在竞争性和公平性的综合作用下，高管员工薪酬差距与创造性产出间的总体关系；第二节引入董事长特征，分析其所反映的董事长领导行为对高管员工薪酬差距竞争性和公平性的影响，探讨董事长特征在高管员工薪酬差距与创造性产出关系间的调节作用。

第一节　高管员工薪酬差距与创造性产出的总体关系

组织中的创造性是组织效力发挥的关键以及保持组织长期成功的必需品（Amabile and Conti，1999；Porter，1990；Hitt et al.，1997），为此，促进创造性产出往往是企业重要的组织目标。这个目标的实现有赖于对企业高管和员工进行有效的业绩评价和激励。薪酬除了具有保健作用外，还具有一定的激励功能，高管员工间的薪酬差距则可以被看作是一种同时针对高管和员工两个群体的激励机制。或者说，当高管员工薪酬差距被设定在某个水平时，即意味着通过相应的业绩评价系统，组织对高管和员工确立了特定的、期望将他们的动机与业绩相联系的激励机制。在这种激励机制中，薪酬差距的设定是中心环节。但高管员工间的薪酬差距可能同时引发高管和员工的多种反映，这使薪酬差距对创造性产出的激励效应可能呈现出较为复杂的局面。

总的看来，理论上，薪酬差距与创造性产出的关系可能会呈现出两种不同方向。一方面，高管员工间的薪酬差距可以看作是员工升至高管后随职务晋升而获得的奖金，奖金越多，越容易吸引更多的人参与竞争，而为了在竞争中取得胜利，参与者将施加更多投入，于是最终企业创造性产出将随之提高，激励目标得以实现。但与此同时，薪酬差距也可能会引起薪酬不公平感，而人普遍具有公平偏好，当感到不公平时，他可能会减少投入甚至实施反生产行为，从而可能导致企业创造性产出减少，妨碍组织目标实现。

以下，将对此展开具体分析。

一、高管员工薪酬差距对创造性产出的促进效应

薪酬本身具有一定的激励作用，这使高薪往往成为一种刺激竞争的有效措施，而高管员工间的薪酬差距与高薪的效果相似，一定程度上能引发员工为晋升至高管获得高薪而参与竞争。此时，处于竞争中的员工在薪酬差距的激励下可能会增加自身投入，而高管为了保住既有的职务和高薪也不会减少投入并可能会继续增加投入，高管与员工增加了的投入最终可能促进产出的增加。

锦标赛理论指出，组织内的晋升制度和与之相伴而来的奖励，好似一场连续排除对手的竞赛，最后的赢家将会获得职务晋升和相应的奖励。薪酬差距就可以被看作是参与晋升竞争比赛获胜的一笔额外的奖励。普通员工晋升到经理的过程如同买彩票一样，目标奖励额越高，需要投入的也越多，当预期所获奖励超过其投入成本时，员工就会产生足够动力谋求晋升获取这种奖励。当晋升能使普通员工获取超额的奖励时，那么就能对其产生足够大的激励效应。高管员工薪酬差距越大，意味着增加投入水平可能获得越高的奖励，高管和员工都可能会投身竞争中。一方面，高管为保有这种高额奖励，面对众多的竞争者，通常不会降低原有的努力水平，更多会选择继续保持或增加投入；另一方面，员工面对高额的奖励，在内部晋升机制的引导下，会为自己树立晋升目标，并通过增加投入向目标靠近。特别地，要想得到晋升获得高薪，员工往往需要做出创造性较高的成果，而高管为保持现有高薪，也需不断增加投入并取得创造性较高的成果。有研究曾表明，与他人保持竞争的个体的创造性总体上要高于与他人无竞争的个体的创造性（Shalley and Oldham，1997），这也意味着，竞争条件可能有助于创造性产出提升，如此，高管员工间的薪酬差距的竞争性将可能同时诱导高管和员工增加投入，并最终促进企业创造性产出的提高。这种薪酬差距竞争性所产生的激励效应在内涵上与我国经济体制改革中“允许一部分人先富起来”以及工资改革中所强调的“效率优先”的分配原则比较契合，具有较为广泛的适用基础。

此外，根据锦标赛理论，薪酬奖励是根据代理人边际产出的排序高低（而非边际产出本身）而确定最终胜者，这样可以有效降低监控成本，尤其适用于监控难度大的情况。创造性劳动往往具有内隐性强、直接监控难度大的特点，可能适用此激励情形。根据创造性产出高低排序来分配奖金（薪酬差距），可以降低对代理人创造性活动的监控成本，从而有利于提高激励效率。

二、高管员工薪酬差距对创造性产出的阻碍效应

公平对于激励机制而言是一个重要的条件。薪酬不公平对员工投入、工作态度和产出效率往往具有负面影响，会导致激励效率的低下甚至妨碍或破坏激励机制的运行。薪酬差距可能引发薪酬不公平感，薪酬差距越大，不公平感可能越强，越容易引起雇员反感，削弱其工作动机，使其减少投入水平甚至实施反生产行为。这是因为，人普遍具有公平偏好，其在关注自身收入的同时也会关注他人的收入，并且厌恶不平等，尤其厌恶利他不平等。在企业里，员工出于公平偏好，可能会与雇主以及从事相似工作的同事进行收入比较（Charness and Kuhn，2004）。员工普遍具有的公平偏好可能会改变预定的激励效率甚至激励方向，特别地，我国传统文化中长期存在“不患寡而患不均”的思想，人们的公平偏好感较强，这使得随着薪酬差距越来越大，员工的不公平感可能会越来越强，激励效率日益低下。

根据心理契约理论，公平地被组织和雇主对待是员工心理契约的重要内容，薪酬公平可以被看作是一种组织责任。当高管员工间的薪酬差距引起员工不公平感时，会导致心理契约的违背，而心理契约违背与员工的任务内绩效、组织公民行为、工作满意度等组织效果负相关（Robinson and Rousseau，1994；Robinson，1996；Lester and Kickul，2001）。创造性产出主要源自员工绩效，员工的任务内绩效和组织公民行为水平往往直接决定其高低。依此，高管员工薪酬差距越大，不公平感可能越强，可能会导致员工的创造性产出降低。具体而言，当高管员工间薪酬差距被认为有失公平时，员工的不公平感可能

会使其组织承诺以及对领导的信任程度降低，并使其投入减少，特别是自发性较强的组织公民行为会减少，内隐性强、难以监督的员工创造性活动强度可能降低或周期延长，进而导致企业创造性产出减少。

另外，高管也是企业创造性产出的缔造者之一，高管员工间较大的薪酬差距对其意味着利己不公平，有公平偏好的高管将可能会产生内疚和不安情绪，他们可能会通过增加投入来平复这种情绪，投入增加有可能会使其创造性活动增加，如加大对管理创新的推动。但考虑到高管人数远远少于员工人数，其创造性产出量会远远小于员工的创造性产出量，而且高管的创造性产出实现往往需要员工来具体实施或配合，所以高薪激励高管所增加的创造性产出量可能会小于高管员工薪酬差距不公平所导致的员工创造性产出的减少量。所以综合起来，高管员工的薪酬差距可能因为涉及不公平而对创造性产出产生抑制作用。

三、高管员工薪酬差距与创造性产出的总体关系

总体看来，作为一种激励机制，高管员工薪酬差距可能会同时引发雇员在心理和行为上的不同反映。较大的薪酬差距可能引发竞争并增强激励效果，也可能招致对薪酬不公平的质疑，其对创造性产出的激励方向和激励效率更可能是上述两种不同反映综合后的结果。

可以说，竞争性和公平性同是薪酬差距的两个重要方面。不过，具体看来，公平性更多情形下可能是作为激励的前提条件而存在的，薪酬差距带来的不公平感可能会使激励效率低下、无效甚至负激励，但公平的薪酬（差距）本身通常还不足以对雇员产生增加投入的推动力，因为它只是一种保健因素。刺激雇员增加创造性投入水平需要给予其足够的奖金，在客观上这需要设定一个较大的高管员工薪酬差距，使雇员在弥补了所增加的投入成本后还有剩余，这个剩余的奖金将成为同时刺激高管和员工增加创造性投入水平的推动力，我们不妨将这个剩余称为竞争性薪酬差距。竞争性的薪酬差距才是激励机制的动力，是促进企业创造性产出的源泉。在其他条件不变时，竞争性薪酬差距会随着薪酬差距总额的扩大而变大，这种较高的“奖金”会

引发雇员间竞争，并最终促进企业整体创造性产出水平的提升，即竞争性薪酬差距越大，创造性产出越多。而当竞争性差距较小时，即使薪酬差距保持了相对公平，可能也难以有效诱导雇员增加投入，就如同奖金微薄的比赛，总是难以吸引到足够多的竞争者参与，雇员对促进创造性产出这样的组织目标可能充分了解甚至认同，但是缺乏动力去实现，其任务内绩效可能所受影响不大，但额外的、较难识别的组织公民行为可能会受到严重影响，企业创造性产出会减少。即竞争性薪酬差距越小，创造性产出越小。因此，更简单地说，从对产出作用的强度上看，薪酬差距竞争性比公平性的激励强度可能相对要大一些，从而，薪酬差距与创造性产出的总体关系应该表现为正相关关系。

因此，我们提出如下假设：

假设1：高管薪酬差距越大，创造性产出越多。

不过，当管理者权力较大甚至滥用权力，企业内部业绩评价和激励系统有失公允时，管理者可能会形成“自定薪酬”现象并导致较为严重的薪酬不公平局面。此时，高管员工间的薪酬差距往往较大（卢锐，2007；方军雄，2011）。这可能会使作为竞争基础的公平前提大部分甚至完全丧失，进而导致负激励，雇员的组织承诺以及对领导的信任程度会降低，其任务内绩效所受影响也许不太明显，但创造性活动的内隐性强，不易监督，此时可能会受到明显的影响，即员工创造性活动强度可能降低或周期延长，组织公民行为减少，企业创造性产出减少。为此，出于稳健起见，我们同时也提出与假设1相竞争的假设2：

假设2：高管薪酬差距越大，创造性产出越低。

第二节　董事长特征对薪酬差距与创造性产出关系的调节作用

从第一节对高管员工薪酬差距与创造性产出总体关系进行的理论分析中可知，薪酬差距对创造性产出的激励方向和激励效率往往是薪酬差距竞争性和公平性综合作用的结果。具体来说，作为一种激励机制，薪酬差距的公平性往往是作为激励的前提条件而存在，是一种保健因素，而薪酬差距的竞争性则是作为诱导雇员增加投入的推动因素，是激励发挥作用的动力根本。从促进创造性产出的角度看，应该同时关注薪酬差距的公平性和竞争性，以在公平的基础上鼓励竞争为原则设定薪酬差距，既要保障薪酬差距的相对公平性，又要给予足够的激励动力使薪酬差距具有竞争性，这样将会有助于激励目标的实现。如此，能使高管员工薪酬差距设定同时关注公平性和竞争性的因素可能会有助于促进创造性产出，正向调节薪酬差距与创造性产出间的关系。在企业内部，领导行为是一种重要的组织情境因素，领导有动机和能力影响薪酬差距设定中的公平和竞争情形，进而有可能对薪酬差距与创造性产出关系具有调节作用。

企业领导的关键角色之一是为组织制定战略目标并使所有组织成员的努力遵循这些目标（Messick，2005），为此，他们会关注为实现组织目标而制定的激励机制。薪酬差距的公平性和竞争性在薪酬差距激励创造性产出过程中具有关键作用，故而，企业领导可能会为提高激励效率和效果利用其权力和影响力对薪酬差距的公平性和竞争性进行干预，提供支持，以保证提升创造性这个组织目标在员工中具有较高程度的一致性，以及激励目标的顺利实现。George 和 Zhou（2007）探讨了领导对于员工的支持与员工的情感状态对其创造性产出的影响，结果表明，领导的支持对员工创造性具有重要意义。张剑和岳红（2007）的研究也发现，领导支持是中国企业创造性组织情境的重要因素，它对员工具有直接影响，此外，还往往通过与组织鼓励、资源充沛等其他情境因素的相互作用，渗透到组织情境的多个方面对员工创造性施加影响。从社会比较理论分支之一的身份认同理论角度看，领导是个体社会身份认同过程中最重要的影响因素。领导对员工所做的支持行为，如向其及时传达绩效反馈、薪酬解释、晋升说明等信息，将会积极影响员工对绩效评价的理解以及程序公平感，并将有助于调节员工对高管员工薪酬差距竞争性的认同和薪酬公平感。我国上市公司大多脱胎于国有企业，普遍存在控股股东，董事长是大股东控制企业经营的关键人物，董事长因此也是中国上市公司中最具权力和影响力的领导。在此背景下，董事长行为在高管员工薪酬差距的制定、贯彻和推行过程中可能都是重要的管理变量，进而也就可能是薪酬差距竞争性和公平性的重要影响因素。

但个人特征不同的董事长调节薪酬差距竞争性和公平性的倾向和程度可能不同，因为现实中人是有限理性的并具有心理偏差，而这些有限理性和心理偏差往往与个人的背景特征紧密相连。例如，是偏好薪酬差距公平性还是偏好竞争性？同时关注公平性和竞争性，但能否对两者兼顾得当？个人特征不同的董事长其行为表现可能不同。已有研究也表明，企业管理中不同背景特征的领导者的行为选择往往不同，进而对企业战略、投资、财务等政策选择和业绩产生了不同的影响（Hambrick and Mason，1984；Certo et al.，2006；Carmeli and Halevi，2009；姜付秀等，2009；张兆国等，2011；李焰等，2011）。战略领导力理论研究也表明，组织高层领导的价值观、经验和知识会影响他们所做的决策，并最终影响组织的业绩（Finkelstein and Hambrick，1996）。

在本节，聚焦董事长的个人特征因素，对其影响薪酬差距公平性和竞争性并进而调节薪酬差距与创造性产出间的关系进行理论分析。

董事长特征、薪酬差距与创造性产出关系如图 5.1 所示。

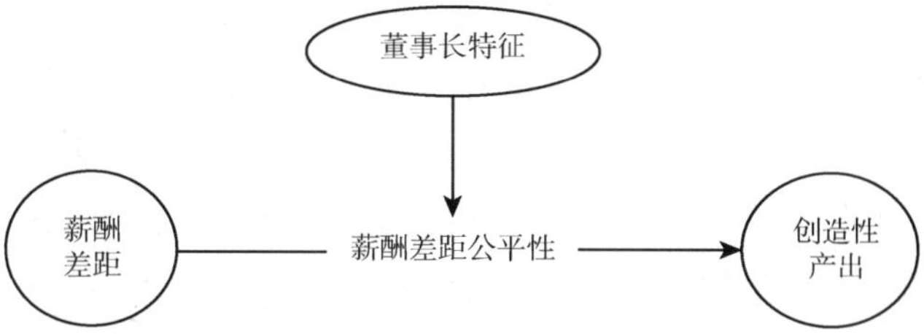

图 5.1　董事长特征、薪酬差距与创造性产出关系

资料来源：作者自制。

一、薪酬差距公平性和竞争性与薪酬差距目标设定

当高管员工薪酬差距被设定在某个水平时，即意味着通过相应的业绩评价系统，组织对高管和员工确立了特定的、期望将他们的动机

与业绩相联系的激励机制。或者说，组织认为这个特定水平的薪酬差距应该足以同时有效激发高管和员工的创造动机和投入，获得期望的创造性产出水平。如此，薪酬差距的设定原则和设定水平也就成了实现业绩评价与激励创造性产出目标实现的重要环节。不妨把要设定的理想薪酬差距水平也当作是一种组织目标，由于它旨在将高管和员工的个人动机和业绩相联系实施激励，因此，这项目标的制定具有重要意义（Locke and Latham，1990）。

一般地，为保证目标实现，组织目标制定时通常应遵循两个重要原则（Schaffer，2007），第一，目标要能使雇员工作动机足够高，如实现该目标要有一定难度，但是通过努力和坚持应能达到（Locke and Latham，1990）；第二，目标应是雇员能够并愿意接受的，如应将组织价值与雇员个人价值统一，使个人和组织同时受益（Erez and Zidon，1984）。作为一项组织目标，若特定的薪酬差距不满足这两项原则，就可能难以达成预期的激励效果。综合上述两条原则，同时具有公平性和竞争性的薪酬差距才应是适当的组织目标。

对于第一项原则而言，首先，公平容易产生信任并能换取员工较高的承诺。当员工感受到组织在薪酬上较为公平地对待自己（与对待高管一样）、多劳就会多得时，他就会认为当其增加足够的投入形成足够的创造性产出后，自己将有可能获得与高管一样的薪酬。即，具有公平属性的薪酬差距这个目标对员工来说是组织对其许下的可置信的承诺，是员工产生工作动机的基础。其次，竞争能激发人的斗志，竞争往往意味着获胜具有一定难度，在竞争状态下，员工的内在工作动机会相对较高，工作投入会相应增加，其创造性总体上也要高于与他人无竞争的个体的创造性（Shalley and Oldham，1997）。即，公平性保证了员工具有基本的工作动机，而竞争性则进而激发了较高的工作动机，两者相辅相成，缺一不可。相反，如果薪酬差距的公平属性未被满足，那么目标对于员工而言则不可信，其通过努力和坚持也是无法达到的，其工作动机可能难以产生，竞争性也就丧失了激发更高工作动机的基础。而当薪酬差距公平但缺少竞争性时，员工可能往往具有基本的工作动机但不够高，努力克服困难和坚持的动力不足，此时其任务内绩效可能所受影响不大，但额外的、较难识别的与创造性产出密切相关的组织公民行为可能会受到严重影响，创造性产出目标实现会受挫。

对于第二项原则而言，有公平属性的薪酬差距应该是雇员愿意接受的，而在相对公平基础上的有竞争性的薪酬差距所引发的竞赛，在促进组织业绩的同时也能增进大部分雇员的业绩，目标指向“双赢”局面，较容易获取雇员支持。相反，不公平的薪酬差距则往往会引发大部分雇员的不满情绪，使组织价值与个人价值不一致，不易为大部分雇员接受，此时，竞争性的薪酬差距可能仅仅与个别或少数雇员业绩和价值相关，因此，同样可能难以在整体上将组织业绩和个人业绩协调起来。

总的来说，同时关注公平性和竞争性是薪酬差距目标有效设定的保证，也是最终促进创造性产出目标实现的关键所在。

二、董事长协调薪酬差距目标公平性和竞争性的动机、作用和能力

（一）董事长协调薪酬差距目标时的动机和作用

我国上市公司大多脱胎于国有企业，普遍存在控股股东，董事长是大股东控制企业经营的关键人物，董事长因此也是中国上市公司中最具权力和影响力的领导，是执掌重要经营决策权、对企业实施战略控制的首脑。而企业领导的关键角色之一即为组织制定战略目标并使所有组织成员的努力遵循这些目标（Messick，2005）。基于此，在高管员工薪酬差距目标的制定、贯彻和推行过程中，董事长行为可能是重要的管理变量。在协调薪酬差距组织目标一致性的问题上，董事长可能至少具有以下两个作用：

1. 董事长在制定兼顾公平与竞争的薪酬差距目标时的动机和作用

和其他组织目标制定过程相似，薪酬差距目标的确立过程是个由决策者（如董事长）和执行者（如管理者和员工）自上而下又自下而上、多次协商和交互影响的过程。但作为决策机构的首脑，董事长

在组织目标制定时的影响力相对还是更为重要的。高管和员工是薪酬差距的两极，针对薪酬差距的公平和竞争程度，两大主体间可能存在着潜在的冲突。董事会负有协调企业各利害相关者间的利益分配、化解其矛盾冲突的职责，董事长作为首脑，其职责重大。在制定薪酬差距组织目标时，董事长可能会通过决策和监督职能的履行，考虑平衡高管和员工双方可能的利益冲突，在保障薪酬差距相对公平的前提下推动建立有竞争性的薪酬差距目标。

特别地，在我国现实中，高管与员工在薪酬制定和业绩评价过程中是两个力量不对等的主体。大量研究表明，高管具有影响自身薪酬制定的动机和能力（Conyon and Peck，1998；Core et a1.，1999；Tosi et al.，2000；Carter and Lynch，2001；Bebchuk et al.，2002；Bebchuk et al.，2010；卢锐，2007；王克敏和王志超，2007；卢锐、魏明海和黎文靖，2008；吴育辉和吴世农，2010），而员工则缺乏影响自身薪酬的便利条件。同时，高管有能力和动机压制员工薪酬，这都易使高管员工薪酬差距被不合理地扩大，导致薪酬差距不公平，并引起员工的薪酬不公平感。卢锐（2007）和方军雄（2011）的研究就表明，管理者权力越大，高管员工间薪酬差距越大。这意味着，管理者滥用权力可能是高管员工两大利益主体发生冲突的重要原因之一。因此，从平衡高管员工两大主体利益、提高高管员工薪酬差距公平性的角度出发，董事长可能会对管理者滥用权力进行制约。另外，在最终确立薪酬差距公平目标的具体尺度时，董事长的态度和行为也将具有重要作用。

2. 董事长在贯彻实施薪酬差距目标中的动机和作用

一旦确定了某个水平的薪酬差距作为组织目标，需要使组织上下周知。在向雇员进行目标传达时，领导行为和管理技巧等组织情境因素会影响雇员对薪酬差距目标的理解和感受，并进而影响目标实施的效果。因为即使是一个公平性和竞争性认可度都较高的薪酬差距目标在传达过程中，也可能出现被扭曲的情形，导致组织目标在不同雇员间的不一致。组织目标不一致可能会因沟通渠道不畅、传递者有意或无意的信息过滤等原因产生，更重要的是，目标从顶层到底层传达过程中，雇员对目标的承诺并不总能如期实现，如某些员工可能并不认同被设定为目标的薪酬差距的公平性或竞争性，进而导致他们的个人利益与组织利益发生冲突（Schaffer，2007）。Locke 和 Latham（1990）认为，此时，某些管理者的行为和管理技巧可能有用，如采用指导员工和向其解释目标等方式。在薪酬差距目标的传达上，领导者可以通过向雇员充分解释业绩评价程序显示程序公平性和对竞争的促进，也可以通过与雇员进行良好的信息和人际交流（如就业绩评价信息进行交流和沟通）体现互动公平性和竞争的意义。领导者的这些行为将可能有助于员工提高对既定薪酬差距目标在公平性和竞争性方面的认同程度，起到协调组织目标不一致的作用。实际上，有效的领导正是一个以愿景和目标为员工确定努力方向、凝结共识，并能通过与员工的良好互动对其进行动员和激励，从而实现组织目标的过程。

在传达薪酬差距目标过程中，董事长可以通过控制职能的履行、关注管理控制系统有效性，为目标向下一致传达、获取员工承诺提供组织保障，以贯彻和落实薪酬差距目标。在组织目标层次下达过程中，各高级、中级以及基层管理者的行为会对薪酬差距目标在组织层面实现整体一致性具有直接的影响。这些领导行为以及所使用的管理手段通常会在企业整体控制系统许可的范畴之内，而董事会执掌企业的控制系统大权，董事长的行为因此会对整个控制系统运行具有影响，并最终对薪酬差距目标的传递和贯彻过程产生影响。例如，董事长可以向控制系统提出要求，使目标在传达过程中能在一定程度上减少各级雇员对目标的曲解，在讲解目标时本着平衡高管员工潜在冲突、化解隐藏矛盾、激发公平竞争的原则维护目标设立初衷。这种领导行为可能会增进雇员对薪酬公平的认同，激发员工参与竞争的斗志，并进而提高雇员对既定薪酬差距公平性和竞争性的认可度。

（二）董事长协调薪酬差距目标的能力

薪酬差距竞争性与公平性的平衡关乎业绩评价乃至组织运行的效率和效果，董事长在薪酬差距目标制定以及贯彻落实过程中都有动机进行干预，其领导作用的发挥所依赖的是其领导权力和影响力。

1. 董事长权力和影响力

在现代企业中，按照《公司法》规定，作为股东代表的董事会对于企业事务具有正式的决策、监督和控制权。作为董事会首脑，董事长依据法律和企业规章赋予其的权力履行决策、监督和控制职责，董事长（职务）的领导行为一定程度上是对上述权力的践行。此外，董事长自身在实施领导行为时，还具备一定的领导力或影响力，即激励他人自愿地在组织中做出卓越成就的能力（Kouzes and Ponser, 2007），或团结他人，使其为共同的目标共同工作的能力（Gill, 2001）。董事长正是凭借被赋予的决策、监督和控制权力以及自身所具备的、卓越的影响组织其他成员行为的领导能力实现对企业的领导，推动组织目标的实现。其中，董事长被其职务所赋予的决策、监督和控制权力是外在的、形式上的，是董事长作为董事会首脑以及股东（所有者）代表而因袭的、由所有权所派生的，是董事长实施领导行为的基本依据。但这些权力能否形成被实现，使董事长的领导行为真正影响组织成员，则需借助董事长自身的特征和素质，因为董事长领导力或影响力才是更为本质的、能决定其领导行为效果的能力。正如保罗·赫塞所指出的："领导他人基本上基于专业才能或者个人魅力，绝对不是单纯地依靠你的职位称呼。"①

2. 董事长影响力的影响因素

董事长影响力或领导力的大小，可能与其是否具备与组织运营相关的知识和信息及信息多寡有关（Zald，1969）。当董事长具有更多的与组织运营相关的知识和信息时，他可能更多地会被认为是专家或内行，他所做出的决策更能体现出权威性，更有说服力，在决策实施过程中，也不易因缺少信息和知识被其他人员操控或利用。Conger 和 Kanungo（1988）也认为，领导者的权力部分地来自其技术专长。此外，董事长领导力的大小，还可能与其个人魅力或处理人际关系的能力有关（库泽斯和波斯纳，2004）。当其具有更为成熟的人际关系处

① 保罗·赫塞的演讲实录. 2005. 6. 17. http：//finance. sina. com. cn.

理能力时，他可能会获得更多人的信任，他所做出的决策更能获取他人的认同，使组织关系更为和谐，并能在一定程度上减弱因控制系统僵化等原因所导致的控制低效。董事长的个人特质一定程度上能反映其拥有的与组织运营相关的知识和信息量的多寡以及人际关系处理能力，反映出其领导力的大小。例如，在位时间长的董事长通常拥有更多的与组织运营相关的知识和信息，与雇员更熟悉、有更多的沟通经历，人际关系相对融洽；年龄大的董事长，阅历和经验丰富，处理人际关系更为圆熟等。

三、董事长特征调节薪酬差距与创造性产出关系的理论分析

董事长的领导行为是一种重要的组织情境因素，由于竞争性和公平性关乎薪酬差距激励的效率和效果以及创造性产出组织目标的实现，董事长可能会利用其权力和影响力调节薪酬差距竞争性和公平性，并进而可能对薪酬差距与创造性产出间关系具有调节作用。但个人特征不同的董事长调节薪酬差距公平性和竞争性的倾向和程度可能不同，因为个人特征往往能在一定程度上反映出领导者在领导能力上的差异以及某些行为偏好。这是由于现实中人都是有限理性并具有心理偏差的，而这些有限理性和心理偏差往往与个人的背景特征紧密相连。例如，是偏好薪酬差距公平性还是偏好竞争性？同时关注公平性和竞争性，但能否对两者兼顾得当？个人特征不同的董事长其行为表现可能不同。以下，我们聚焦董事长的个人特征因素，选择了董事长在位时间、年龄、学历程度和兼职情形四项重要特征，对其如何影响薪酬差距公平性和竞争性并进而调节薪酬差距与创造性产出间的关系进行理论分析。

（一）在位时间

某一职务的在位时间会影响该职务对于组织信息的占有量，在位时间越长则其专业化的经营知识和经验越丰富（Kor and Mahoney，2005）。董事长在位时间越长，其对企业经营状况会越了解，对于组

织信息的获取和分配的优势就越大。而且，在位时间越长，与各利益相关者关系越密切，与他们沟通的经历和经验就越丰富，在组织成员中的威望越高，越容易获得其信任。贺小刚和李新春（2005）分析了国内277家企业的调查数据，发现在位时间的长短直接影响企业家能力的高低，国内企业家的在位时间每提高一年，企业家的管理能力就可以提高0.035。如此，在位时间长的董事长在制定薪酬差距时，由于其占有的组织经营信息更多，管理能力更强，可能更了解高管和员工的激励状况和需要，因此更能较好地把握薪酬差距竞争性的分寸。他也可能更了解企业高管和员工的工作投入特征和强度，进而可以较客观地评价高管以及员工的薪酬水平，判断两者间薪酬差距的公平性。另外，现实中高管往往会利用自身具有的企业中其他人难以获取的私有信息优势形成管理者权力，并借此为自己获取不合理的高额薪酬。此时，比起在位时间短的董事长，在位时间长的董事长相对于高管所具有的信息不对称程度要弱，监督和制约高管的能力更强，这也有助于建立更为公平的薪酬差距。而且，在确立了薪酬差距目标后，在将该目标向高管与员工传达和落实贯彻过程中，由于董事长的威望较高，可能更有助于推动薪酬的程序公平和互动公平，缓解和平复雇员对于薪酬差距可能存在的消极情绪，从而使既定的薪酬差距在保障相对公平的同时也有利于激励雇员的创造性活动。因此，在位时间长的董事长可能更容易建立有竞争性同时也相对公平的薪酬差距目标，进而能正向调节薪酬差距与创造性产出间的关系。基于此，我们提出以下假设，并预计董事长在位时间与薪酬差距交乘项的回归系数显著为正。

假设3：董事长在位时间越长越有助于形成竞争性和公平性兼顾的高管员工薪酬差距，会促进高管员工薪酬差距与创造性产出间的关系。

（二）年龄

年龄代表着人的阅历，并影响人的风险倾向，进而影响人的行为选择。有研究表明，年长的企业家相比年轻的企业家更倾向于规避风险（Hambrick and Mason，1984）。而关于年龄与认知关系的大量研究则表明，随着年龄的增长，人的部分认知能力会下降，知识结构会老化。但是随着年龄的增长，人的阅历也会日趋丰富，经验更加老道，大局观和掌控力更强，所拥有的资源也更加丰富，即所谓“姜是老的辣”。特别是在中国，人们普遍认为年纪轻的人缺少必要的积累和历练，而对年长的人特别是职务高的年长者更加敬畏和信任。因此，董事长的年龄越大，可能更多地意味着他的领导风格和领导行为更为成熟，对竞争和公平关系的认识更加深入。这使年龄大的董事长在确定薪酬差距目标时，更可能会较好地兼顾薪酬差距的竞争性和公平性，进而正向调节薪酬差距与创造性产出间的关系。另外，在向雇员传达、解释既定薪酬差距组织目标的竞争性和公平性时，年长的董事长更富有经验和技巧，从而有助于化解雇员的消极情绪，并激发其创造性活动。鉴于此，我们提出假设4，并预计董事长年龄与薪酬差距交乘项的回归系数显著为正。

假设4：董事长越年长越有助于形成竞争性和公平性兼顾的高管员工薪酬差距，会促进高管员工薪酬差距与创造性产出的关系。

另外，由于我国过去很长一段时间里实施的是平均分配制度，高管与员工的薪酬差距很小。相比年轻的董事长，年长的董事长经历薪酬差距较小的时期往往较长而经历薪酬差距较大的时期较短，其受分配公平影响比受“效率优先”影响更深。这样的经历可能会给年长的董事长确立薪酬差距公平性目标时更大的影响，相对于年轻的董事长，其对薪酬差距公平性的关注可能多过对竞争性的关注，从而可能会弱化对高管的激励，同时减弱员工的竞争心理和工作动机，这可能会导致薪酬差距竞争性和公平性的失衡，进而可能弱化薪酬差距的激励效应。为此，我们同时提出假设5，并预计董事长年龄与薪酬差距交乘项的回归系数并不显著为正。

假设5：董事长越年长越倾向于形成公平性强但竞争性弱的薪酬差距，会削弱高管员工薪酬差距与创造性产出的关系。

（三）学历

一般来说，正式的学校教育对培养人后天的学习能力具有积极的作用，长期良好的正式教育往往也有助于人对关键知识和技能的掌握。通常，受教育程度越高，人的认知能力、信息搜集和处理问题能力也越强，同时具有较好教育背景的领导者也更可能或更多地使用先进的管理技术和方法。贺小刚和李新春（2005）的研究发现，受教育程度对于企业家的管理能力、战略能力以及政府关系能力具有重要意义。此外，还有研究发现，受教育程度更高的企业家在社会交往参与度和交往对象的层次上也越高（胡荣，2003），这意味着他们在与社会网络有关的层面上，有更多的影响力，这些也都有助于使其获得更多的声望。特别是在中国，出于对知识的热爱和尊重，长期以来，人们对具有高学历的人普遍抱有较为恭敬的态度。因此，一般情形下，有良好教育背景的董事长对于学习、获取和处理与组织相关信息的能力更强，声誉更高，相对容易获得雇员的尊重和信任。据此可以推断，学历高的董事长在确定高管员工薪酬差距目标时可能因其具有的较高认知能力、信息获取能力和管理能力而能全面看待薪酬差距的竞争性和公平性的重要性，兼顾和平衡两者；在向雇员传达和解释薪酬差距目标时可能因为其较高的声望而容易获得雇员的认同，进而提高雇员对既定薪酬差距目标，包括其竞争性和公平性的认可度，激励雇员的创造性活动水平。基于此，我们提出假设6，并预计董事长学历与薪酬差距交乘项的回归系数显著为正。

假设6：董事长学历越高越有助于形成竞争性和公平性兼顾的高管员工薪酬差距，会促进高管员工薪酬差距与创造性产出的关系。

另外，由于学历教育经历是对人力资源进行的一种投资，因此高学历者的薪酬通常会较高，这是给予高学历者更高生产能力的溢价，也可看作是对先期由个人付出的教育投入部分的补偿。Amabile（1983）的创造性成分模型曾指出，人在相关领域的技能是形成创造性产出的三大条件之一，而学历教育是人获取相关领域技能最为常见的渠道。在现实中，创造性产出水平较高的人群也大多为高学历人群，如科学家和企业研究开发人员。因此，学历高的董事长因自身的高学历从而获取高薪的经历，可能会使其较易认同高学历与创造性投入水平和产出水平的关系，并给予高学历员工以高薪激励的做法

（这会使员工平均薪酬水平相对升高），从而倾向于确立较小的高管员工薪酬差距作为组织目标。但是，这种较小的高管员工薪酬差距可能会大大弱化对高管的激励，同时减弱员工（与领导间）向上比较的动机以及员工间的竞争心理，不利于保持员工的较高工作动机，导致薪酬差距的竞争性和公平性失衡，从而可能会弱化薪酬差距的激励效应。为此，我们提出假设 7，并预计董事长学历与薪酬差距交乘项的回归系数不显著为正。

假设 7：董事长学历越高越倾向于形成公平性强但竞争性弱的薪酬差距，会削弱高管员工薪酬差距与创造性产出的关系。

（四）兼职情况

在公司中投入的时间和精力的多寡是影响董事长获取组织信息的重要因素。在公司中投入的时间和精力越多，对信息获取就会越充分，与雇员的交往就越频繁和深入，多投入还可能会为公司员工树立勤勉工作的形象，从而获得良好声誉。如果董事长为兼职，那么他在上市公司的投入则通常有限，因为多项任务会分散他在单个公司的投入水平，进而会减少他关于上市公司信息和知识的获取时间，其与公司雇员的沟通层面和沟通深度也可能较为有限。如此，兼职的董事长可能会因为其在上市公司的投入水平低而影响其对薪酬差距组织目标的决策效果和效率，相对于那些投入更多的董事长，他掌握的组织信息可能较少，从而对薪酬差距目标的把握和确定不及前者。而且，由于其在上市公司的投入相对较少，在向雇员传达和解释薪酬差距目标的竞争性和公平性时，其领导威望和影响力可能也不及前者。

另外，当董事长为兼职时，他通常更为了解其他公司的高管员工薪酬差距状况，这样兼职所获取的额外信息可能会影响他对于上市公司薪酬差距的决策和控制。在现实中，通常董事长兼职基本上或绝大多数情况是发生在上市公司所属集团内部，如上市公司董事长同时兼任上市公司所属集团公司的董事长，此时，有兼职的上市公司董事长在判断上市公司高管员工薪酬差距的竞争性和公平性时可能会参照其所兼职的其他公司（如集团公司）中的薪酬差距。而上市公司的薪酬相比于其他公司（被参照公司）往往更高，高管员工薪酬差距更大，此时，董事长可能会因被参照公司薪酬差距较小而相应调低对上市公司中高管员工薪酬差距的目标数值，进而更倾向于调节高管员工薪酬差距的公平性而非竞争性，从而可能会导致薪酬差距目标竞争性和公平性的失衡。

从上述两个方面来看，若董事长为兼职，可能相对不利于调节竞争兼具公平的薪酬差距目标，进而不利于促进薪酬差距与创造性产出关系。为此，我们提出假设8，并预计董事长兼职与薪酬差距交乘项的回归系数显著为负。

假设8：董事长兼职不利于形成和贯彻兼具竞争和公平的薪酬差距，会削弱高管员工薪酬差距与创造性产出的关系。

第六章　创造性产出指标体系的结构设计及计量

本章介绍创造性产出指标体系的结构设计和计量过程，共分两节，第一节阐述本书中创造性产出的计量依据，并初步构建创造性产出的多指标结构框架；第二节首先介绍创造性产出各项指标的初步测试过程，以及经过测试调整后最终确定的创造性产出具体指标构成，之后阐述创造性产出数据收集程序和计量过程。

第一节　创造性产出计量依据及初步计量框架

第三章在回顾组织中创造性产出的计量方法时曾指出，主观性的专家评价法和客观指标度量法都是较为适当的计量方法。特别地，客观性评价方法可以较好地克服人为因素可能导致的创造性程度评估缺陷，更便于进行大样本研究。鉴于此，本书选用客观指标计量企业创造性产出。

一、选用多指标综合计量创造性产出的动机和依据

专利指标是迄今为止使用最为广泛的客观性创造性产出指标，因为专利形成往往标志着产出的新颖程度和有用程度都较高，极有可能在一定时间内使企业获取超额收益；而且，专利数据收集便利，基于这些优势，专利指标获取了众多研究者的青睐。但专利指标的局限性也较为明显，其中，不同企业的专利倾向不同可能是以专利进行大样本计量创造性产出时遇到的一个难题。比如，某些行业的技术、工艺更新速度较快，或者较为容易被模仿，那么相关企业可能会倾向于较多采用知识产权保护措施，其专利偏好就较强；而某些行业的技术工艺更新较慢，出于对长期竞争力的保护或者出于管理需求，可能更多直接将创造性思想运用于新产品或新工艺上，其专利偏好就较弱。此时，以专利表征这两类不同企业的创造性产出就不够准确。实际上，不仅仅是专利指标，在以大样本研究企业创造性产出时，采用任何单一的指标进行计量，都会存在难以准确评价不同企业创造性产出水平

的问题。因为从表现形式上看，创造性产出是多种多样的，而且不同行业和企业的创造性产出形式或偏好有差异。为此，本书采用包括专利在内的多指标综合计量创造性产出，以期更为全面地反映创造性产出内涵。

在研究样本选择上，我们选取了我国创造性产出活动较为密集的制造业作为研究对象，样本期间为2007年至2010年。截至目前，制造业仍是中国经济的支柱产业，而且在沪、深两市主板上市的公司中，制造业企业占有绝对比例。因此，选取制造业企业作为研究样本具有较好的代表性。

二、创造性产出多指标综合计量的初步框架

本书对创造性产出综合计量的指标选取和框架构建经历了三个阶段，分别为初步构建多指标计量框架阶段、初步框架测试和调整阶段以及多指标综合计量最终确立阶段。本节介绍初步构建的多指标创造性产出框架及指标含义。

为尽可能全面地了解企业创造性产出的表现形式，我们首先选取了2007年和2009年两个年度包括制造业所有13个细分行业总计204份企业财务报告进行抽样调查，对各个行业所共同具有的且较有代表性的创造性产出表现形式进行描述。之后，根据样本信息，我们粗略概括和设计出了11个表征多个阶段创造性产出的指标，指标含义和示例见表6.1。

表6.1　　初步调研的创造性产出指标、含义和形式

编号	指标名称	指标说明或示例
1	专利申请	本年度申请的各类型专利，如国内发明专利
2	著作权、版权或软件产品登记	如申请的产品设计
3	创新获奖	本年度获取的与产品、技术、服务、管理等方面创新有关的奖项

续表

编号	指标名称	指标说明或示例
4	新产品和新项目	本年度开发的新产品、新服务方式/方法、新的项目解决方案等，如已获取新产品的生产批件
5	权威认证或课题申请	本年度有关技术或产品研发获得权威认证、重要项目/课题获得了立项或完成
6	产品工艺改造	本年度对现有产品、服务工艺实施的改造
7	入选自主产品创新目录	本年度产品入选国家级、省级、市级的自主产品创新目录
8	管理流程创新	本年度组织流程、结构、管理方式方法的改进
9	行业/同类产品技术标准确定	本年度订立的国际、国内行业/同类产品或服务技术标准
10	科研论文和研究报告	本年度累计发表或公布的研究报告和论文
11	合理化建议	本年度累计提出的与组织经营管理相关的合理化建议

资料来源：作者自制。

在此阶段的抽样调查中，本书还关注了新产品销售收入和本年度转入无形资产的开发支出两项创造性产出的价值指标，但新产品销售收入只获取了微量样本数据，本年度转入无形资产的开发支出所获数据也很少，无法形成有效样本规模，故未选用。

第二节　创造性产出指标构成及计量

一、创造性产出初步计量框架的测试过程及调整

在获取制造业各个行业有代表性的创造性产出表现形式并初步完成多指标综合计量框架后，本书继续扩大调查范围。此次，我们抽取了 2007 年至 2010 年四年完整样本期间的 560 份企业年度财务报告，收集初步框架中所确定的 11 个指标的信息，旨在完整样本期间评估上述指标有效的可得信息量，并测试初步计量框架在指标构成等方面

的完整性。

这一阶段的调查完成后，我们对11个创造性产出指标的数据信息进行了整理分析，结果发现，著作权、版权或软件产品登记，入选自主产品创新目录，行业/同类产品技术标准确定，科研论文和研究报告以及合理化建议五个指标的可得信息量过小，观测值都小于30个；入选自主产品创新目录指标的信息与创新获奖信息多有重叠，如某入选自主产品创新目录指标的产品同年也获得了创新奖项；权威认证或课题申请信息与新产品和新项目信息多有关联之处，如某企业的某项技术研发获得重点项目资助的同时，也为某项目提供了新的解决方案或新的技术方法。

根据这一阶段的调查结果，为获得更有代表性的指标，并保证获取足量的样本信息，我们对初步计量框架中的11个指标进行了修订和调整，剔除了某些信息披露不足、可得样本较小的指标，又对含义关联相近的指标进行了合并处理，最终确定了五个指标构建创造性产出综合计量框架。这五个指标分别为：当年申请的专利、获得的创新获奖、新产品及新项目、工艺改进和管理流程创新。

二、创造性产出计量框架形成

经过第一阶段初步构建多指标计量框架和第二阶段对初步框架进行的测试和调整，本书最终确立了由当年申请的专利、获得的创新获奖、新产品及新项目、工艺改进和管理流程创新五个指标构成的创造性产出综合计量框架，并为下一步正式收集指标信息详细界定了指标的内涵。由于这五个指标信息均主要从企业财务报告的语言描述中获取，为获得更为清晰和准确的信息，我们针对各个指标的创造性产出阶段特征确定了指标的“外延”标准，一定程度上表现了各个创造性产出指标的新颖程度，这也是各个指标相应的信息收集标准。创造性产出综合计量框架指标构成、含义及信息收集标准如表6.2所示。

表 6.2　　创造性产出综合计量框架指标构成、指标含义和信息收集标准

编号	指标名称	指标含义	信息收集标准
1	专利申请	本年度申请的国际专利、国内发明专利、实用新型专利和外观专利	分别按国际专利（PCT）、国内发明专利、实用新型专利、外观专利归类计数
2	创新获奖	本年度获取的国际、国家级、省部级行业和专业机构、市级与产品、技术、服务、管理等方面创新有关的奖项	奖项分别按颁奖方（国际、国家级、省部级或行业以及国内有影响的专业机构、地市级）进行归类计数
3	新产品和新项目	本年度开发的新产品、新服务方式/方法、新的项目解决方案；获重要资助的新技术方法、新课题等	根据报表描述中说明或体现的新产品或新项目的研究进度信息，归类计数。 研究开发进度区分为两类： 其一，具有阶段性成果，包括具体指明取得了临床或生产批件、已经量产、取得产品登记或鉴定、产品或服务标准通过了权威认证、课题结项等标志性成果； 其二，未具体指明已获取阶段性成果，但获取了研究进展，如课题立项申请通过
4	产品工艺改造	本年度对现有产品、服务工艺实施的改造，改造包括技术性能、环保指标、质量提高、废品降低等方面	根据报表描述中说明或体现的产品或服务工艺改造程度信息，归类计数。 改造程度区分为两类： 其一，具体指明进行了哪些工艺改造以及改造后在技术性能、工艺参数等方面的变化； 其二，对改造行为和结果仅为一般性描述，如改进了工艺提高了效率
5	管理流程创新	本年度对组织流程、结构、管理方式方法的改进	根据报表描述中说明或体现的组织、管理流程的新颖和有用程度信息，归类计数。 管理流程创新程度区分为两类： 其一，具体指明实施了哪些流程改造、管理新方法、组织结构变革以及改造后在组织结构、管理方式等方面的变化，如使用 ERP 系统； 其二，对管理流程改进或改进结果仅做一般性描述，如改进了组织管理办法，提高了工作效率

资料来源：作者自制。

三、创造性产出数据收集程序

研究采用了手工收集数据的办法，建立了数据收集工作组。

在数据收集和整理分析工作中，鉴于数据基础收集和整理工作较为繁琐和细致，人员配备上较多选用了女性，工作组共配备了九名女性，一名男性。数据收集分两组，第一组负责从上市公司财务报告中摘取创造性产出计量框架中的五个指标信息，共配备六人；第二组负责从中国知识产权网提供的 CNIPR 中外专利数据库服务平台上搜索专利申请信息，共配备两人。第一组的数据收集成员均为会计学专业大学三年级本科生，她们熟悉上市公司的财务会计报告内容；并在数据收集开始前接受了三次共九小时的集中培训，以确保数据收集人员逐步了解、理解并掌握创造性产出指标的含义、在财务报告中可能出现的各种表现形式等内容；培训结束后，每人均通过了关于创造性产出指标含义、报表中表现形式以及查找技巧等测试。第二组的数据收集成员为会计学专业博士研究生，她们均熟悉专利指标各种分类以及 CNIPR 中外专利数据库服务平台专利搜索的技巧。

数据一次复核和部分数据的补充收集工作有三人负责，一人为会计学专业二年级硕士研究生，一人为会计学专业博士二年级研究生，另一人为本书作者。数据的二次复核和整理分析由本书作者负责。数据的最终审核为一名会计学教授，他自 2002 年以来每年均组织并承担从上市公司财务报告等渠道手工收集数据的科研工作，对组织手工收集数据工作具有丰富经验。数据收集、复核和整理分析工作自 2011 年 4 月上旬开始至同年 7 月上旬结束，历时三月有余。

数据经收集、复核和整理分析后，获取了足量的研究信息。其中，考虑信息披露的权威性和完整性，专利申请指标确定使用数据收集第二组从 CNIPR 中外专利数据库服务平台获取的数据，并与数据收集第一组从企业财务报告中获取的专利信息进行了核对。其他四项创造性产出指标信息，包括创新获奖、新产品和新项目、产品工艺改造和管理流程创新信息主要来自企业财务会计报告中摘取的信息以及少量从公司网站和官方媒体补充的信息。

四、创造性产出综合得分计算

获取了五项基本的创造性产出信息后，我们对信息实施赋值以形成企业的创造性产出综合得分。信息赋值和得分形成步骤和依据如下：

第一步，对五类信息各自赋值。按照较为常见的定性信息赋值标准，我们将每类信息的赋值区间定为［0，1］，即每类信息最大赋值为1，最小为0。

第二步，计算创造性产出综合得分。现实中，不同行业、不同企业的竞争程度、生产工艺、研发特征和管理倾向等方面不同，一定程度上影响了不同行业的创造性产出的表现形式，同时也影响了不同企业对创造性产出形式的不同偏好。如有的行业竞争程度不高，技术更新换代稍慢，其创造性产出可能较多偏向产品工艺改造形式；有的行业技术复杂性不高，其创造性产出可能较多地偏向管理流程创新；有的行业竞争程度较为剧烈，技术更新较快，企业创造性产出中的专利偏好可能更强。即使是在同一行业内，不同企业对不同创造性产出表现形式的偏好也是不同的，因为实际上，这五种创造性产出表现形式之间更多地表现为一种互补关系而非替代关系。因此，在计算创造性产出综合得分时，若对不同形式的创造性产出赋予不同权重，则会显得较为主观，且可能会脱离客观实际。鉴于此，我们对不同形式的创造性产出做了等权处理，即同等对待不同形式的创造性产出，这也减少了赋权可能导致的人为干扰因素对创造性产出综合得分计算过程的影响。具体在计算得分时，我们分别以每家企业所包含的创造性产出类别数量为分母①（如公司包含全部五类信息，则分母为五；如公司只包含三类信息，则分母为三），然后以该企业当年所获取的各类创造性产出得分之和作为分子，相除后得到的平均数即为该企业当年创造性产出综合得分。

---

① 不同公司的创造性产出形式和类别不同，有的公司披露了全部五类创造性产出信息，有的公司披露的信息少于五类，具体处理时，我们按实际披露的类别数量确定其创造性产出类别数量，并将其确定为权重。

高管员工薪酬差距与
创造性产出：基于董事长
特征的视角
Chapter 7

第七章 高管员工薪酬差距与创造性产出的实证检验

本章使用我国制造业上市公司数据对高管员工薪酬差距与创造性产出间的总体关系进行考察，检验假设1和假设2。实证检验中，我们通过检验高管员工薪酬差距与当期以及滞后一期的创造性产出的关系，来考察高管员工薪酬差距对创造性产出的激励作用以及这种作用的延续性。

第一节　研究设计

一、变量计量

（一）高管员工薪酬差距

高管员工间的薪酬差距采用相对指标计量，反映高管薪酬相当于员工薪酬的倍数，相对薪酬差距（rgap）由高管人员平均薪酬除以普通员工的平均薪酬计算得来。高管人员薪酬总额以薪酬最高的前三名高管薪酬总额计量，数据取自CSMAR数据库，将其除以3得到高管人员平均薪酬。员工薪酬总额基本数据通过现金流量表中“支付给职工和为职工支付现金总额”扣除薪酬最高的前三名高管人员薪酬总额后获得，由于“支付给职工和为职工支付现金总额”中包含企业为职工所支付的养老保险金等社会基本保障费用，因此，我们借鉴刘春和孙亮（2010）的做法，对所含社会基本保障费用部分进行了剔除①，形成如下的员工平均薪酬计算公式：

普通员工平均薪酬 = [（支付给职工和为职工支付现金总额/1.56）－薪酬最高的前三名高管人员薪酬总额] ÷（在职员工总数－3）

高管员工薪酬相对差距 = 高管人员平均薪酬/普通员工平均薪酬

合理压缩数据波动幅度能获得更好的拟合效果，为此，我们对薪

① 以56%的比例估算应扣除的社会保险费用，具体项目及比例包括：福利费（14%）、养老保险（20%）、医疗保险（12%）、失业保险（2%）、住房公积金（7%）、生育保险（0.5%）、工伤保险（0.5%）。

酬差距取了对数（lnrgap）。

（二）创造性产出

创造性产出以本书第六章中构造的创造性产出多指标综合得分（score）计量，指标包含当期专利申请、创新获奖、新产品和新项目、现有工艺改造和管理流程创新五项，综合得分为企业所包含的各类创造性产出的算术平均值，分布区间为［0，1］。

（三）控制变量

企业规模是较早被发现影响创造和创新的重要因素，根据已有研究，目前我国创新也主要由大规模经营企业主导和推动（丁重和张耀辉，2009；邓可斌和丁重，2010），因此，我们控制了企业规模，以期末总资产对数表示（size）。

作为基础性条件，研发投入和技术实力对技术创新产出具有直接影响（Grilliches，1990；古利平等，2006）。如 Shan 和 Walker（1994）认为只有具有足够技术能力的技术领先者，才通常采取内部研发与创新方式；翁明祥和蔡兆哲（1996）、张光磊和刘善仕（2012）指出技术实力强弱会影响企业产品创新开发方式或创新深度；吴和成（2008）发现科技人员对专利具有影响。为此，我们控制了研发投入及技术实力因素。研发投入以企业技术和研发人员占在职员工比例（tech）计量；技术实力以企业技术中心等级（techc）计量，企业技术中心等级通常包括国家级、省级和市级。技术中心等级越高，技术实力也越大，国家级技术中心赋值为2，省市级赋值为1，其他为0。

已有学者研究或关注了市场竞争力量或结构对于创造性产出的影响（Lunn，1986；Koeller，1995；Gayle，2001；丁重和张耀辉，2009；邓可斌和丁重，2010），我们参考高良谋和李宇（2009）等人的见解，将垄断程度作为最显著的市场力量特征，并借鉴 Januszewski（2002）、李青原等（2007）和周婷婷等（2010）等人对垄断租金的衡量和计算方法，以垄断租金（pmc）计量企业所面临的产品市场竞争程度。

此外，考虑公司特征因素影响，我们还控制了盈利状况（roa）、收入水平（reve）、负债水平（alr）、现金流量（ncf）、成长能力

(grow)、股权性质（congro)、股权集中程度（herf10）和技术导向性质（是否为高新技术企业，techE)。

变量含义及计算方法见表7.1。

表7.1　　　　变量名称、含义及计算方法

变量类型	名称及代码	变量含义及计算方法
被解释变量	创造性产出综合得分(score)	当期专利申请、创新获奖、新产品和新项目、现有工艺改造以及管理流程创新数的算术平均数＝各类创造性产出得分之和÷创造性产出类别数
解释变量	高管员工相对薪酬差距（lnrgap)	Ln（前三名高管平均薪酬÷普通员工平均薪酬)
控制变量	企业规模（size)	Ln（期末总资产)
	研发或技术人员投入比例（tech)	研发/技术人员数÷在职员工数
	技术中心等级（techc)	国家级为2，省市级为1，其他为0
	市场竞争程度（pmc)	垄断租金＝（利润总额＋当期折旧＋财务费用－资本总额×加权资本成本）÷销售收入总额。 其中，资本总额＝权益资本＋短期债务资本＋长期债务资本； 加权资本成本＝（权益资本/资本总额）×权益资本成本＋（短期债务资本/资本总额）×短期债务资本成本＋（长期债务资本/资本总额）×长期资本成本； 权益资本成本＝无风险收益＋系统风险×市场组合风险溢价； 无风险收益为一年期银行存款利率；市场组合风险溢价设为4%（李青原等，2007)；系统风险为24个月贝塔系数； 短期债务资本成本为一年期银行贷款利率； 长期债务资本成本为三至五年期银行贷款利率
	盈利状况（roa)	总资产报酬率
	收入水平（reve)	当期营业收入/平均总资产
	负债水平（alr)	资产负债率
	现金流量（ncf)	经营活动现金净流量÷期末总资产
	成长能力（grow)	营业收入增长率＝（当年营业收入－上年营业收入）÷上年营业收入
	国有性质（congro)	国有企业为1，非国有企业为0
	股权集中度（herf10)	前十大股东持股比例平方和
	技术导向性质（teche)	高新技术企业为1，否则为0

资料来源：作者自制。

二、研究模型

首先，我们建立高管员工薪酬差距与当期创造性产出关系模型如下：

$$score_{i,t} = \rho_0 + \rho_1 lnrgap_{i,t} + control_{i,t} + \varepsilon_{i,t} \quad 模型(7.1)$$

其中，$score_{i,t}$为当期创造性产出综合得分，$lnrgap_{i,t}$为当期高管员工相对薪酬差距对数。$control_{i,t}$包括当期的企业规模（Size）、研发和技术人员投入比例（Tech）、技术中心等级（Techc）、市场竞争程度（pmc）、盈利能力（Roa）、收入水平（Reve）、负债水平（Alr）、经营现金流量（Ncf）、成长能力（Grow）、股权性质（Congro）、股权集中程度（Herf10）和技术导向性质（TechE）。

之后，我们以滞后一期的创造性产出综合得分$score_{i,t+1}$表示未来创造性产出，替换模型（7.1）中的当期创造性产出综合得分$score_{i,t}$，建立高管员工薪酬差距与未来创造性产出关系的基本模型如下：

$$score_{i,t+1} = \tau_0 + \tau_1 lnrgap_{i,t} + control_{i,t} + \varepsilon_{i,t} \quad 模型(7.2)$$

第二节　高管员工薪酬差距与当期创造性产出关系的实证检验

一、样本与数据

我们使用平衡面板数据，选取了沪、深两市2007年至2010年的制造业上市公司为研究样本。其中，创造性产出、研发和技术人员比例、技术中心等级、技术导向性质数据手工摘自上市公司年报；高管员工薪酬差距计算的相关数据取自CSMAR数据库；其他控制变量数据或计算所需原始数据取自WIND数据库和CCER数据库。

样本剔除过程如下：

（1）剔除上市年度不满一年的以及ST公司；

（2）薪酬差距小于或等于0的公司；

(3) 创造性产出得分有三年都为0的公司;

(4) 剔除各个变量存在缺失值的公司。

按照上述标准对异常样本剔除后,我们共得到544家样本公司的2176个观测值;之后,我们对相关变量1%和99%分位数进行了winsor修正处理。数据分析利用Stata 10.0完成。

二、描述性统计和相关系数分析

(一) 描述性统计分析

表7.2、表7.3和表7.4报告了描述性统计结果。

从表7.2可以看出,整体上,样本公司中高管员工相对薪酬差距平均水平已超过12倍,离散程度也较大。2007年至2010年间,薪酬差距呈现先高后低现象。2007年高管员工薪酬差距均值已突破12倍,2008年薪酬差距均值继续显著扩大,最大值高达146倍。2007年底美国次贷危机爆发,并于2008年引发全球性金融危机甚至经济危机,全球大部分国家和地区的大量公司业绩受外部环境影响显著下降,但高管薪酬却居高不下,高管员工薪酬差距巨大,引发了社会公众的强烈反应,我国更是一度掀起了对高管"天价"薪酬的热烈讨论①,描述性统计的这一结果基本反映了2007年和2008年当时高管员工薪酬差距较大这一大致态势。2009年高管员工薪酬差距发生了骤降,平均相对差距降至11.6倍,离散程度也大幅减小,最大薪酬差距减至80倍,这可能与2008年对高管高额薪酬的热议情形以及金融危机中企业业绩普遍下滑的形势相关。基于高管高额薪酬本身及媒体报道一定程度上导致的放大效应,为调节分配公平性,政府迅速出台了行政限薪指令②。行

---

① 2008年,媒体报道了平安保险董事长马明哲年薪高达6600万元的消息,引发了社会广泛关注和讨论。

② 2009年2月,财政部下发《金融类国有及国有控股企业负责人薪酬管理办法(征求意见稿)》,对国有金融企业高管实施最高年薪280万元人民币的限制;9月,人力资源和社会保障部等六个部委共同下发了《关于进一步规范央企负责人薪酬管理的指导意见》,对央企高管最高薪酬实施限制。

政限薪只是针对国有控股公司和央企，但整体上，由于金融危机的影响，很多企业业绩在 2009 年发生了下滑，一定程度上使高管薪酬较 2007 年和 2008 年大幅回落，这可能也是 2009 年高管员工薪酬差距缩小的原因之一。2010 年薪酬差距较 2009 年有所提高，同时公司间差异增加，最大值则升至 108 倍。这可能与不少公司陆续走出金融危机困境影响、业绩开始回升有关，即当危机逐渐解除，激励机制和力度再度增强，高管员工薪酬差距再度开始增大。

表 7.3 的数据显示，从 2007 年到 2010 年，各年间创造性产出总体上倾向于逐步提升，2010 年表现稍有回落，这反映出我国制造业企业整体上的创造性产业呈现为上升的态势。但四年间创造性产出的整体均值为 0.41，以满分 1 为标准，在一定程度上说明我国制造业上市公司的创造性产业整体上还处于较低水平。现实中，多年来，我国企业的自主创新意识不断增强，技术创新和改造能力也获得了极大改善，但整体水平依旧不高，我国企业在创新本质“创造性破坏”上的缺乏是不争的事实（邓可斌和丁重，2010），描述性统计结果也基本反映了我国企业创造性的现实和相关理论研究结论。当然，由于创造性产出项目目前仍属于自愿披露项目，企业也可能会出于规避披露成本、甚至隐藏创造性产出上的竞争实力等考虑主动减少这些信息披露，这在一定程度上也会使得以自愿信息披露为基础计算的创造性产出得分偏低。

表 7.2　　　　相对薪酬差距的描述性统计结果

指标	年度	均值	标准差	最小值	最大值	样本数
相对薪酬差距 rgap	2010	11.7914	11.5026	1.1930	108.3697	544
	2009	11.6410	10.4022	1.1062	80.3638	544
	2008	12.8185	13.7203	1.1125	145.9269	544
	2007	12.2747	12.1616	1.0995	118.8078	544
	整体	12.1314	12.0075	1.0995	145.9269	2176

资料来源：作者整理。

表 7.3　　创造性产出的描述性统计结果

指标	年度	均值	标准差	最小值	最大值	样本数
创造性产出得分 score	2010	0.4223	0.2407	0	1	544
	2009	0.4233	0.2443	0	1	544
	2008	0.4210	0.2404	0	1	544
	2007	0.3793	0.2401	0	1	544
	整体	0.4115	0.2419	0	1	2176

资料来源：作者整理。

表 7.4　　其他变量的描述性统计结果

指　标	均值	标准差	最小值	最大值	样本数
企业规模 size（lnasset）	21.7956	1.0902	19.0456	26.1563	2176
研发或技术人员投入比例 tech	0.1346	0.1007	0.0051	0.8551	2176
技术中心等级 techc	0.4338	0.7815	0	2	2176
市场竞争程度 pmc	0.0387	0.1500	-1.9057	1.4738	2176
盈利状况 roa	0.0658	0.0673	-0.2954	0.5019	2176
收入水平 reve	0.8556	0.5273	0.0431	6.1342	2176
负债水平 rla	0.4908	0.1757	0.0108	0.9569	2176
现金流量 ncf	0.0584	0.0763	-0.5428	0.4365	2176
成长能力 grow	0.2311	1.1275	-0.7293	43.6071	2176
股权性质 congro	0.6379	0.4807	0	1	2176
股权集中度 herf10	0.1638	0.1178	0.0000	0.7265	2176
技术导向性质 teche	0.4931	0.5001	0	1	2176

资料来源：作者整理。

（二）相关系数分析

表 7.5 列示了各变量的相关系数及分析结果。

从表 7.5 中的相关系数分析结果看，创造性产出与高管员工薪酬差距呈现出正相关关系，一定程度上表明，高管员工薪酬差距越大，创造性产出越高。此外，规模越大的企业，创造性产出越多，与现实中我国企业技术创新主要由大规模企业推动的现象一致。研发人员投

表 7.5　各变量相关系数表（obs = 2176）

	score	lnwrgap	lnasset	tech	techc	teche	pmc	reve	roa	ncf	alr	grow	congtro	herf10
score	1.0000													
lnwrgap	0.0753***	1.0000												
lnasset	0.2081***	0.1202***	1.0000											
tech	0.0721***	-0.0790***	0.0280	1.0000										
techc	0.1371***	0.0333***	0.0090***	0.0632*	1.0000									
teche	0.1600***	0.0656	0.0989	0.0418***	0.2159***	1.0000								
pmc	0.0049	0.1030***	0.0641***	0.0509**	0.0034	0.0215	1.0000							
reve	0.1129***	0.0406*	0.1370***	-0.1682***	-0.0112	-0.0056	0.0524**	1.0000						
roa	0.0263	0.1592***	0.0791***	0.0551**	0.0005	0.0201	0.7183***	0.1767***	1.0000					
ncf	0.0155	0.0506**	0.0376*	0.0401*	0.0235	0.0102	0.3357***	0.1402***	0.4277***	1.0000				
alr	0.0493**	-0.0131	0.3744***	-0.0377*	-0.0720	0.0215***	-0.1893***	0.0745***	-0.2907***	-0.1931***	1.0000			
grow	0.0111	-0.0239	0.0646***	0.0147	0.0132	-0.0263	0.0655***	0.1310***	0.0902***	0.0217	0.0538**	1.0000		
congtro	0.0320	-0.1442***	0.1383***	0.0342	-0.0467	-0.0296**	-0.1125***	0.0443**	-0.1588***	-0.0487**	0.0981***	-0.0418*	1.0000	
herf10	0.0832***	-0.0981***	0.3591***	-0.0016	-0.0987***	-0.0707***	0.0650***	0.1637***	0.0753***	0.0353*	0.0920***	0.1172***	0.1733***	1.0000

注：***、** 和 * 分别表示在 1%、5% 和 10% 水平上显著相关。
资料来源：作者整理。

入比例越高、企业技术中心等级越高，创造性产出也就越多。企业收入水平越高，创造性产出也越高。资产负债率与创造性产出间相关系数显著为正，说明高负债率的企业创造性产出越高。而且，股权集中程度越大的企业，创造性产出越大，说明大股东在推动企业创造性产出上具有显著影响。高新技术导向的企业创造性产出更多。

三、实证结果分析

我们使用平衡面板固定效应模型进行估计。由于面板数据模型的估计容易受自相关和异方差的影响，我们采用了综合处理办法，使用 Stata 软件中的 Xtscc 命令对固定效应模型进行估计（Hoechle，2007）。

表 7.6 列示了高管员工薪酬差距与当期创造性产出总体关系的回归结果。

表 7.6 中的实证结果显示，总体看来，高管员工薪酬差距与当期创造性产出在 1% 水平上呈显著正相关关系，高管员工薪酬差距越大，当期的创造性产出越多，支持假设 1，不支持假设 2。此外，控制变量的结果显示，企业规模与当期创造性产出在 5% 水平上显著正相关，与丁重和张耀辉（2009）、邓可斌和丁重（2010）等研究中认为目前我国创新主要由大规模经营企业主导和推动的研究结果一致。研发和技术人员投入比例与当期创造性产出在 1% 水平上显著正相关，技术中心等级与当期创造性产出在 1% 水平上呈显著正相关关系，这表明，研发人员及技术实力因素对创造性产出的影响均具有显著促进作用。垄断租金与当期创造性产出间系数在 1% 水平上显著为负，表明产品市场竞争程度越大，创造性产出越高，与 Lunn（1986）、Gayle（2001）、丁重和张耀辉（2009）以及邓可斌和丁重（2010）等认为市场集中程度与技术创新正相关、垄断往往会抑制创新的研究结论相呼应。企业财务状况对当期创造性产出的影响分别是，收入水平与当期创造性产出显著负相关，负债水平与当期创造性产出显著负相关，但企业盈利能力与当期创造性产出显著正相关；这可能意味着，企业经营的安全性是提升创造性产出的基础和根本，只有企业有了盈利，企业可能才

会安心实施发展创新战略，而当面临较高负债时，出于对破产和研发失败的担心，企业可能会减少创造性活动，进而导致创造性产出降低。此外，国有股权性质与当期创造性产出在10%水平上显著正相关，股权集中度与当期创造性产出在1%水平上显著正相关，这意味着，国有企业是我国企业创新的主要阵地，而大股东的存在有助于推动当期创造性产出的提升。技术导向性质与当期创造性产出在1%水平上呈显著正相关关系，表明企业技术导向或类型对当期创造性产出有显著影响，高新技术导向型企业的创造性产出水平更高。

表7.6　　薪酬差距与当期创造性产出回归结果

解释变量	score（模型7.1）		
	系数	T值	P值
lnrgap	0.0110	4.02	0.000 ***
size	0.0365	2.38	0.018 **
tech	0.1056	5.29	0.000 ***
techc	0.0180	7.57	0.000 ***
pmc	-0.1715	-5.01	0.000 ***
roa	0.2116	1.98	0.049 **
reve	-0.0255	-1.93	0.054 *
rla	-0.1884	-2.16	0.031 **
ncf	0.0341	0.40	0.686
grow	0.0005	0.11	0.912
congro	0.0174	1.64	0.10 *
herf10	0.2869156	2.89	0.004 ***
teche	0.0344	4.49	0.000 ***
常数项	-0.400585	-1.21	0.227
F值	222.69 ***		
Within-R^2	0.0287		
观测值	2176		
公司数	544		

注：***、** 和 * 分别表示在1%、5%和10%水平上显著相关。

资料来源：作者整理。

第三节　高管员工薪酬差距与未来创造性产出关系的实证检验

激励在人心理和行为上的作用时间往往具有一定的持续性，这使企业激励机制对产出的影响可能具有一定的延续性。即激励效应不仅会产生在当期，可能也会延伸至以后期间。接下来，我们以滞后一期的创造性产出表示未来创造性产出，对当期薪酬差距与未来创造性产出间的关系进行实证检验。

一、样本和数据

在前述544家制造业上市公司样本中，我们选取2007~2009年的高管员工薪酬差距变量和相关控制变量，以及2008~2010年的创造性产出变量，对高管员工薪酬差距与未来创造性产出间关系进行实证检验。研究样本为544家公司的1632个观测值，我们对相关变量1%和99%分位数进行了winsor修正处理。数据分析利用Stata 10.0完成。

二、实证结果分析

我们选用平衡面板混合模型对模型（7.2）进行估计。由于样本公司都是制造业，我们控制了年度变量，未控制行业变量。经检验，方差膨胀因子（VIF）为1.4，表明不存在多重共线性。表7.7列示了高管员工薪酬差距与未来创造性产出总体关系的回归结果。

表7.7中的实证结果显示，总体看来，高管员工薪酬差距与未来创造性产出在10%水平上呈显著正相关关系，表明高管员工薪酬差距越大，未来创造性产出越多。这说明，薪酬差距在促进当期创造性产出的同时，这种激励效应还具有一定的延续性，对下一期的创造性产出也有促进作用。此外，控制变量的结果显示，企业规模与未来创造性产出在5%水平

上显著正相关。研发和技术人员投入比例与未来创造性产出在1%水平上显著正相关。收入水平与未来创造性产出在1%水平上显著正相关。

表7.7　　　　薪酬差距与未来创造性产出回归结果

解释变量	$score_{t+1}$（模型7.2）		
	系数	T值	P值
lnrgap	0.0149	1.87	0.061*
size	0.0456	6.92	0.000***
tech	0.1888	3.23	0.001***
techc	0.0130	1.61	0.109
teche	0.0046	0.37	0.709
pmc	-0.0243	-0.39	0.696
reve	0.0487	4.12	0.000***
roa	0.0226	0.16	0.871
ncf	-0.1007	-1.20	0.230
rla	-0.0485	-1.24	0.214
grow	-0.0035	-0.33	0.738
congro	-0.0044	-0.34	0.732
herf10	-0.0086	-0.16	0.877
_Iyear_2008	-0.0031	-0.21	0.836
_Iyear_2009	-0.0088	-0.58	0.560
常数项	-0.6365	-4.90	0.000***
F值	7.09***		
Adj - R^2	0.0531		
观测值	1632		

注：***、**和*分别表示在1%、5%和10%水平上显著相关。
资料来源：作者整理。

第四节　稳健性检验

本节对高管员工薪酬差距与当期以及未来创造性产出间的关系进行稳健性检验，包括以下四个方面：

其一，以高管员工绝对薪酬差距指标替换前述使用的高管员工相对薪酬差距指标，对模型（7.1）和模型（7.2）进行检验；

其二，以目前创造性产出和创新大样本研究中常用的专利指标替换创造性产出综合得分指标，对模型（7.1）和模型（7.2）进行检验；

其三，由于不同企业的技术导向对其创造性产出水平可能具有重要影响，因此，我们将前述样本按照企业技术导向性质是否为高新技术企业为标准进行分组，分别考察高新技术企业组和非高新技术企业组中高管员工薪酬差距与创造性产出间的总体关系；

其四，在前述544家制造业样本公司中，归属于机械、设备、仪表业的样本公司最多（151家），约占27.76%；该行业的整体技术水平也较高，考察其创造性产出水平可能较有代表性，为此，我们进一步考察该行业中高管员工薪酬差距与创造性产出间的总体关系。

一、高管员工薪酬差距与当期创造性产出间关系的稳健性检验

（一）以高管员工绝对薪酬差距替代高管员工相对薪酬差距验证

在以往研究中，使用相对数计量薪酬差距水平的情形较多，但也可直接采用两者薪酬水平之差的绝对薪酬差距来计量。以下，我们以高管员工间绝对薪酬差距替换相对薪酬差距变量，将其放入前述模型（7.1）中进行回归，其中绝对薪酬差距（agap）等于高管平均薪酬减去普通员工的平均薪酬。高管薪酬总额以薪酬最高的前三名高管薪酬总额计量，数据直接取自CSMAR数据库，将其除以3得到高管平均薪酬。员工薪酬总额基本数据通过现金流量表中“支付给职工和为职工支付现金总额”扣除薪酬最高的前三名高管人员工资总额后获得，鉴于“支付给职工和为职工支付现金总额”中包含企业为职工所支付的养老保险金等社会基本保障费用，如同前述计算相对薪酬差距时一样，我们对所含社会基本

保障费用部分进行了剔除①，之后再计算员工平均薪酬。为获取更好的拟合效果，我们对绝对薪酬差距取了对数（lnagap）。

我们仍以前述 2007 ~2010 年 544 家制造业上市公司共 2176 个观测值为研究样本，选用平衡面板固定效应模型对模型（7.1）进行检验。我们对相关变量的 1% 和 99% 分位数进行了 winsor 修正处理，数据分析利用 Stata 10.0 完成。

表 7.8 列示了绝对薪酬差距的描述性统计结果。

从表 7.8 可以看出，2007 ~2010 年，高管员工绝对薪酬差距经历了先扩大，再骤降，而后继续扩大的变化。四年间，高管员工绝对薪酬差距均值接近 35 万元，最小差距不足 3000 元，最大差距则接近 345 万元，公司间差异较大。2007 年，薪酬差距均值约为 32 万元，2008 年薪酬差距均值更是达到了四年间的峰值，接近 40 万元，这基本上反映了大量公司在 2007 年和 2008 年全球性金融危机之前和危机中高管薪酬处于居高不下的现实；随后的 2009 年，薪酬差距发生了骤降，降幅高达 21%，这可能与金融危机导致的大量公司业绩大幅下滑以及全球范围内对高管高薪的声讨情形有关；而在金融危机基本结束的 2010 年，薪酬差距较 2009 年又有了明显的提高，同时公司间差异增加。总体看来，绝对薪酬差距与前述相对薪酬差距的变化趋势基本一致。

表 7.8　　　　绝对薪酬差距的描述性统计结果

指标	年度	均值	标准差	最小值	最大值	样本数
绝对	2010	367922.9	380660	8515.26	3430318	544
薪酬	2009	308808.2	317165.5	2982.427	3304709	544
差距	2008	392215.2	421557	4516.358	3403689	544
agap	2007	323663.5	328417.6	5068.941	3457221	544
	整体	348152.5	365654.9	2982.427	3457221	2176

资料来源：作者整理。

① 以56% 的比例估算应扣除的社会保险费用，具体项目及比例包括：福利费（14%）、养老保险（20%）、医疗保险（12%）、失业保险（2%）、住房公积金（7%）、生育保险（0.5%）、工伤保险（0.5%）。

表7.9列示了绝对薪酬差距与当期创造性产出的回归结果。

表7.9的回归结果显示，总体上，高管员工绝对薪酬差距与当期创造性产出在1%水平上显著正相关，企业规模、研发技术人员投入比例、技术中心等级、企业盈利能力、国有企业性质、股权集中程度和技术导向性质分别与当期创造性产出间呈显著正相关关系。产品市场竞争程度、企业收入水平和负债水平分别与当期创造性产出显著负相关。实证结论与前述相对薪酬差距与当期创造性产出所获结论一致。

表7.9　　绝对薪酬差距（替代相对薪酬差距）与当期创造性产出回归结果

解释变量	score（模型7.1）		
	系数	T值	P值
lnagap	0.0159	4.76	0.000***
size	0.0325	2.28	0.023***
tech	0.1024	5.76	0.000***
techc	0.0180	7.21	0.000***
pmc	-0.1733	-4.84	0.000***
roa	0.2145	1.99	0.048**
reve	-0.0298	-2.05	0.040**
rla	-0.1848	-2.15	0.032**
ncf	0.0345	0.41	0.679
grow	0.0011	0.24	0.807
congro	0.0183	1.76	0.078*
herf10	0.2869	2.91	0.004***
teche	0.0341	4.42	0.000***
常数项	-0.4852	-1.45	0.148
F值	234.53***		
Within-R^2	0.0301		
公司数	544		
观测值	2176		

注：***、**和*分别表示在1%、5%和10%水平上显著相关。

资料来源：作者整理。

（二）以发明专利替代创造性产出得分验证

专利是现有文献中考察企业创造性和创新能力时被经常使用的指标。特别地，相较发明专利而言，实用新型专利和外观专利的创造性要弱很多，因此有学者认为，只有发明专利才能真正体现企业的创造能力（张倩肖和冯根福，2007；梁莱歆和马如飞，2009）。基于此，本书以企业当期发明专利申请数（ipatent）替代创造性产出综合得分来表示当期创造性产出水平，检验模型（7.1）。我们以 2007～2010 年制造业上市公司混合数据共 1210 个观测值为研究样本，使用 OLS 对模型（7.1）进行回归分析，检验中我们对发明专利申请数取了对数，控制了年度变量，并对相关变量 1% 和 99% 分位数进行了 winsor 修正处理。数据分析利用 Stata 10.0 完成。

表 7.10 报告了发明专利的描述性统计结果。从中可以看出，2007～2010 年，各年间发明专利申请数量总体上呈现出不断增加的趋势，2010 年表现有所回落；公司间发明专利产出水平差异较大。

表 7.10　　　　发明专利描述性统计结果

指标	年度	均值	标准差	最小值	最大值	样本数
发明专利 ipatent	2010	11.9265	31.9959	1	378	313
	2009	13.5667	32.2293	1	285	360
	2008	12.4122	29.0161	1	288	296
	2007	11.1917	28.4326	1	286	241
	整体	12.3869	30.6479	1	378	1210

资料来源：作者整理。

表 7.11 报告了回归结果。回归结果显示，总体上，高管员工薪酬差距与当期发明申请数表征的当期创造性产出在 1% 水平上显著正相关。实证结论与前述由当期创造性产出综合得分表征当期创造性产出时所获结论一致。此外，企业规模、研发技术人员投入比例、技术中心等级与当期发明申请间呈显著正相关关系。企业收入水平与当期发明申请显著正相关，负债水平以及盈利能力分别与当期发明申请显

著负相关。技术导向性质与当期发明申请显著正相关。

表 7.11 高管员工薪酬差距与当期发明专利（替代当期创造性产出得分）回归结果

解释变量	lnipatent（模型 7.1）		
	系数	T 值	P 值
lnrgap	0.1606	3.43	0.001 ***
size	0.3649	9.06	0.000 ***
tech	1.8418	5.72	0.000 ***
techc	0.1179	2.90	0.004 ***
pmc	0.5766	1.25	0.211
roa	−2.0252	−2.28	0.023 **
reve	0.1691	2.05	0.041 **
rla	−0.4423	−2.17	0.030 **
ncf	0.1781	0.35	0.724
grow	0.0341	0.75	0.451
congro	−0.0556	−0.82	0.412
herf10	0.2421	0.72	0.470
teche	0.2055	2.94	0.003 ***
_Iyear_2008	0.1214	1.20	0.229
_Iyear_2009	0.0323	0.33	0.742
_Iyear_2010	−0.1881	−1.87	0.061 *
常数项	−7.1088	−8.79	0.000 ***
F 值	13.18 ***		
Adj − R^2	0.1662		
观测值	1210		

注：***、** 和 * 分别表示在 1%、5% 和 10% 水平上显著相关。
资料来源：作者整理。

（三）不同技术导向条件下高管员工薪酬差距与当期创造性产出关系验证

企业不同的技术导向对其创造性产出水平可能具有重要影响。下面，我们以企业技术导向性质是否为高新技术作为标准，将前述样本分为高新技术企业组和非高新技术企业组，分别检验两组样本下高管员工薪酬差距与当期创造性产出间的总体关系。

两组样本的描述性统计结果如表 7.12 和表 7.13 所示。可以看出，在 544 家共 2176 个观测值的总样本中，高新技术企业组为 1073 家，非高新技术企业组为 1103 家，比高新技术企业样本量稍多①。高新技术企业组的创造性产出均值为 0.45，高于未分组时创造性产出整体均值 0.41（见表 7.3）；非高新技术企业组的创造性产出均值为 0.37，大大低于未分组时创造性产出整体均值；高新技术企业组整体上创造性产出水平较高。高新技术企业组高管员工薪酬差距均值为 12.44，高于未分组时高管员工薪酬差距整体均值 12.13（见表 7.2）；非高新技术企业组高管员工薪酬差距均值为 11.83，明显低于未分组时高管员工薪酬差距整体均值；高新技术企业组整体上高管员工薪酬差距水平较高。

表 7.12　　高新技术企业组描述性统计结果

	均值	标准差	最小值	最大值	观测值
创造性产出得分 score	0.4451	0.2315	0	1	1073
相对薪酬差距 rgap	12.4460	12.5209	1.1062	145.9269	1073
企业规模 size（lnasset）	21.8056	1.091	19.2175	26.1563	1073
研发或技术人员投入比例 tech	0.1410	0.1022	0.0051	0.8551	1073
技术中心等级 techc	0.6048	0.8673	0	2	1073
市场竞争程度 pmc	0.0392	0.1446	-1.9057	1.3751	1073
盈利状况 roa	0.0658	0.0662	-0.2954	0.5019	1073
收入水平 reve	0.8496	0.4732	0.0558	4.0812	1073

① 还需指出的是，在前述形成 544 家（共 2176 个观测值）有效研究样本过程中，曾剔除了三年以上（含三年）创造性产出均为 0 的样本。由于非高新技术企业的创造性产出相对来说较低，前述剔除的三年以上（含三年）创造性产出为 0 的公司中所包含的非高新技术企业也是多于高新技术企业；这可能是此处对 544 家样本做进一步的高新和非高新技术企业分组时，非高新技术企业组样本量仅稍多于高新技术企业组样本量的一个原因。

续表

	均值	标准差	最小值	最大值	观测值
负债水平 rla	0.4780	0.1809	0.0108	0.9569	1073
现金流量 ncf	0.0602	0.0706	-0.2610	0.4231	1073
成长能力 grow	0.2462	1.4619	-0.7137	43.6071	1073
股权性质 congro	0.6151	0.4868	0	1	1073
股权集中度 herf10	0.1520	0.1105	0.0000	0.7265	1073

资料来源：作者整理。

表 7.13　　　非高新技术企业组描述性统计结果

行业	均值	标准差	最小值	最大值	观测值
创造性产出得分 score	0.3788	0.2474	0	1	1103
相对薪酬差距 rgap	11.825	11.4835	1.0995	118.8078	1103
企业规模 size（lnasset）	21.7859	1.0893	19.0456	26.0989	1103
研发或技术人员投入比例 tech	0.1283	0.0990	0.0057	0.8398	1103
技术中心等级 techc	0.2674	0.6462	0	2	1103
市场竞争程度 pmc	0.0382	0.1552	-1.6234	1.4738	1103
盈利状况 roa	0.0657	0.0683	-0.2110	0.4272	1103
收入水平 reve	0.8614	0.5752	0.0431	6.1342	1103
负债水平 rla	0.5033	0.1696	0.0183	0.8937	1103
现金流量 ncf	0.0567	0.0814	-0.5428	0.4365	1103
成长能力 grow	0.2164	0.6557	-0.7293	13.2082	1103
股权性质 congro	0.6600	0.4739	0	1	1103
股权集中度 herf10	0.1752	0.1236	0.0013	0.7265	1103

资料来源：作者整理。

我们控制了年度，按高新技术企业组和非高新技术企业组对模型（7.1）进行检验，回归结果如表 7.14 和表 7.15 所示。

表 7.14 和表 7.15 的结果显示，高新技术企业组的高管员工薪酬差距与当期创造性产出在 10% 水平上显著正相关；非高新技术企业组的高管员工薪酬差距与当期创造性产出呈正相关关系，但并不显著。此外，在高新技术企业组和非高新技术企业组中，企业规模、技

术中心等级与当期创造性产出均呈显著正相关关系。总体看来，以高新技术导向为标准分组检验高管员工薪酬差距与当期创造性产出关系所得结论与前述实证结果一致，特别地，高新技术企业组中两者间的正相关关系具有显著性。

表 7.14　　高管员工薪酬差距与当期创造性产出回归结果（高新技术企业组）

解释变量	score（模型 7.1）		
	系数	T 值	P 值
lnrgap	0.0185	1.79	0.073 *
size	0.0298	3.73	0.000 ***
tech	0.1572	2.47	0.014 **
techc	0.0341	4.08	0.000 ***
pmc	-0.0238	-0.39	0.695
roa	0.1729	1.00	0.317
reve	0.0261	1.54	0.123
rla	-0.0156	-0.36	0.718
ncf	-0.1826	-1.42	0.155
grow	-0.0005	-0.11	0.912
congro	-0.0049	-0.32	0.746
herf10	0.0663	0.84	0.402
_Iyear_2008	0.0228	0.95	0.342
_Iyear_2009	-0.0244	-1.06	0.290
_Iyear_2010	0.0092	0.42	0.674
常数项	-0.3113	-1.96	0.051 *
F 值	5.31 ***		
$A-R^2$	0.0688		
观测值	1073		

注：***、** 和 * 分别表示在 1%、5% 和 10% 水平上显著相关。
资料来源：作者整理。

表 7.15　　　　高管员工薪酬差距与当期创造性产出
回归结果（非高新技术企业组）

解释变量	score（模型 7.1）		
	系数	T 值	P 值
lnrgap	0.0142401	1.57	0.118
size	0.0474694	6.03	0.000 ***
tech	0.1883197	2.50	0.013 **
techc	0.0448675	4.01	0.000 ***
pmc	-0.0132016	-0.20	0.841
roa	-0.2212352	-1.38	0.167
reve	0.0646557	4.19	0.000 ***
rla	-0.0493966	-0.97	0.331
ncf	0.0461036	0.49	0.623
grow	-0.0102328	-1.12	0.261
congro	0.0211179	1.36	0.175
herf10	0.0787377	1.24	0.217
_Iyear_2008	0.0224355	1.16	0.244
_Iyear_2009	0.055768	2.78	0.005 ***
_Iyear_2010	-0.0245668	-1.23	0.220
常数项	-0.7803217	-4.94	0.000 ***
F 值	8.98 ***		
$A-R^2$	0.1118		
观测值	1103		

注：***、** 和 * 分别表示在 1%、5% 和 10% 水平上显著相关。
资料来源：作者整理。

（四）机械、设备、仪表业高管员工薪酬差距与当期创造性产出关系验证

前述我们以制造业总体数据考察了高管员工薪酬差距对当期创造性产出的激励效应。我们对这 544 家制造业样本公司按所属细分行业又进一步进行了划分，各行业样本规模以及创造性产出得分和高管员

工薪酬差距的描述性统计结果如表7.16、表7.17和表7.18所示。

从表7.16、表7.17和表7.18中可以看出，在544家制造业样本公司中，归属于机械、设备、仪表业的样本公司最多（151家），约占27.76%；该行业的整体技术水平在整个制造业中为最高，样本均值为0.455，考察其创造性产出水平可能较有代表性，为此，我们进一步考察该行业中高管员工薪酬差距与当期创造性产出间的总体关系。

表7.16　　制造业各细分行业样本规模

行业名称	食品饮料业	纺织服装皮毛业	木材家具业	造纸印刷业	石油化学塑料塑胶业	电子业	金属非金属业	机械设备仪表业	医药生物制品业	其他制造业	制造业
公司数	42	41	4	15	101	31	81	151	65	13	544
比例（%）	7.72	7.54	0.74	2.76	18.57	5.70	14.89	27.76	11.95	2.39	100

资料来源：作者自制。

表7.17　　各细分行业创造性产出得分描述性统计结果

行业	均值	标准差	最小值	最大值	公司数	观测值
食品、饮料业	0.3025	0.2428	0	1	42	168
纺织、服装、皮毛业	0.3737	0.2727	0	1	41	164
木材、家具业	0.4016	0.2970	0	0	1	16
造纸、印刷业	0.3175	0.2157	0	1	15	60
石油、化学、塑料、塑胶业	0.3788	0.2258	0	1	101	404
电子业	0.4492	0.2583	0	1	31	124
金属、非金属业	0.4395	0.2491	0	1	81	324
机械、设备、仪表业	0.4550	0.2371	0	1	151	604
医药、生物制品业	0.3951	0.2234	0	1	65	260
其他制造业	0.4133	0.2573	0	1	13	52
制造业总体	0.4115	0.2419	0	1	541	2176

资料来源：作者整理。

表 7.18　　各细分行业高管员工薪酬差距描述性统计结果

行业	均值	标准差	最小值	最大值	公司数	观测值
食品、饮料业	11.0624	9.7582	1.1930	67.3716	42	168
纺织、服装、皮毛业	12.3738	13.4158	1.6072	99.6968	41	164
木材、家具业	16.5936	19.7771	3.1196	68.1588	4	16
造纸、印刷业	10.1998	7.9275	1.7611	37.5541	15	60
石油、化学、塑料、塑胶业	10.5307	9.3716	1.0995	87.6330	101	404
电子业	13.2917	10.3357	1.4903	50.9337	31	124
金属、非金属业	12.9522	13.5780	1.1062	118.8078	81	324
机械、设备、仪表业	12.0179	13.2285	1.2931	145.9269	151	604
医药、生物制品业	13.6577	11.1665	1.1680	108.3697	65	260
其他制造业	13.9168	13.9574	1.5220	71.6953	13	52
制造业总体	12.1314	12.0075	1.0995	145.9269	541	2176

资料来源：作者整理。

我们以 2007 ~2010 年机械、设备、仪表业 151 家公司共 604 个观测值为研究样本，选用平衡面板固定效应模型对模型（7.1）进行检验，表 7.19 列示了回归结果。

如表 7.19 所示，机械、设备、仪表业中的高管员工薪酬差距与当期创造性产出在 10% 水平上呈显著正相关关系；此外，企业规模、技术中心等级与当期创造性产出显著正相关，负债水平与当期创造性产出显著负相关。与前述实证结果一致。

表 7.19　　高管员工薪酬差距与当期创造性产出回归结果（机械、设备仪表业）

解释变量	score（模型 7.1）		
	系数	T 值	P 值
lnrgap	0.01601	1.68	0.096 *
size	0.0572	4.59	0.000 ***
tech	0.0221	0.17	0.867
techc	0.0233	12.09	0.000 ***
pmc	-0.1375	-0.94	0.350

续表

解释变量	score（模型 7.1）		
	系数	T 值	P 值
roa	0.0833	0.82	0.411
reve	0.0462	1.01	0.316
rla	-0.3001	-3.79	0.000***
ncf	0.1267	1.89	0.060*
grow	-0.0041	-0.23	0.815
congro	-0.0027	-0.08	0.933
herf10	0.2870	1.39	0.166
teche	-0.0008	-0.07	0.943
常数项	-0.7750	-2.45	0.016**
F 值	5.67***		
Within - R^2	0.0311		
公司数	151		
观测值	604		

注：***、** 和 * 分别表示在 1%、5% 和 10% 水平上显著相关。
资料来源：作者整理。

总的来看，针对高管员工薪酬差距与当期创造性产出的四种稳健性检验结果与前述结论基本一致，说明前文的实证结果是稳健和可靠的。

二、高管员工薪酬差距与未来创造性产出间关系的稳健性检验

（一）以高管员工绝对薪酬差距替代高管员工相对薪酬差距

同前述验证薪酬差距与当期创造性产出关系时一样，我们仍以高管员工绝对薪酬差距替换相对薪酬差距变量，检验模型（7.2），绝对薪酬差距（agap）计算方法同前。在前述 544 家制造业上市公司样本中，我们选取 2007～2009 年的高管员工绝对薪酬差距变量和相关控制变量，以及 2008～2010 年的创造性产出变量，共计 1632 个观测值，使用 OLS 对模型（7.2）进行回归分析。我们对相关变量 1% 和

99%分位数进行了 winsor 修正处理，数据分析利用 Stata 10.0 完成。

回归结果见表 7.20。回归结果显示，总体上，高管员工绝对薪酬差距与未来创造性产出呈正相关关系，但并不显著。企业规模、研发技术人员投入比例与未来创造性产出呈显著正相关关系；企业收入水平与未来创造性产出显著正相关。前述针对相对薪酬差距与未来创造性产出关系所获结论未见显著改变。

表 7.20 绝对薪酬差距（替代相对薪酬差距）与未来创造性产出回归结果

解释变量	$score_{t+1}$（模型 7.2）		
	系数	T 值	P 值
lnagap	0.0074	1.02	0.306
size	0.0461	6.90	0.000***
tech	0.1771	3.04	0.002***
techc	0.0130	1.60	0.110
pmc	-0.0266	-0.43	0.670
roa	0.0323	0.23	0.817
reve	0.0477	4.02	0.000**
rla	-0.0487	-1.25	0.212
ncf	-0.1020	-1.22	0.224
grow	-0.0035	-0.34	0.736
congro	-0.0069	-0.54	0.592
herf10	-0.0145	-0.26	0.795
_Iyear_2008	-0.0038	-0.26	0.797
_Iyear_2009	-0.0038	-0.26	0.797
teche	0.0045	0.37	0.711
常数项	-0.7009	-4.96	0.000***
F 值	6.92***		
$Adj-R^2$	0.0516		
观测值	1632		

注：***、**和*分别表示在1%、5%和10%水平上显著相关。

资料来源：作者整理。

（二）以滞后一期发明专利申请替代未来创造性产出得分验证

下面，本书以企业滞后一期的发明专利申请数（ipatent）替代滞后一期的创造性产出综合得分来表示未来创造性产出水平，检验模型（7.2）。我们以 2007～2009 年相对薪酬差距变量和相关控制变量、2008～2010 年发明专利申请数变量，共计 489 个观测值使用 OLS 对模型（7.2）进行回归分析，我们对发明专利申请数取了对数，控制了年度变量，并对相关变量 1% 和 99% 分位数进行了 winsor 修正处理。数据分析利用 Stata 10.0 完成。回归结果见表 7.21。

表 7.21 的回归结果显示，总体上，高管员工薪酬差距与滞后一期的发明申请数表征的未来创造性产出在 1% 水平上显著正相关，结果与前述由滞后一期的创造性产出综合得分表征未来创造性产出时所获实证结论一致。此外，企业规模、研发技术人员投入比例、高新技术企业资质企业收入分别与滞后一期的发明申请数间呈显著正相关关系。负债水平与未来创造性产出显著负相关。

表 7.21　薪酬差距与滞后一期发明专利申请（替代未来创造性产出得分）回归结果

解释变量	$lnipatent_{t+1}$（模型 7.2）		
	系数	T 值	P 值
lnrgap	0.1938	2.58	0.010***
size	0.3741	5.88	0.000***
tech	1.8320	4.38	0.000***
techc	0.0785	1.21	0.227
pmc	−0.3209	−0.52	0.604
roa	−1.0272	−0.79	0.432
reve	0.5977	4.02	0.000***
rla	−0.7540	−2.16	0.032**
ncf	−0.8107	−0.83	0.407
grow	−0.0790	−1.36	0.175
congro	−0.1604	−1.38	0.169

续表

解释变量	$lnipatent_{t+1}$ （模型 7.2）		
	系数	T 值	P 值
herf10	0.1113	0.22	0.825
teche	0.2599	2.41	0.016 **
_Iyear_2008	0.1040	0.75	0.451
_Iyear_2009	-0.1791	-1.31	0.192
常数项	-7.0056	-5.50	0.000 ***
F 值	7.39 ***		
Adj - R^2	0.2052		
观测值	489		

注：*** 、** 和 * 分别表示在 1% 、5% 和 10% 水平上显著相关。
资料来源：作者整理。

（三）不同技术导向条件下高管员工薪酬差距与未来创造性产出关系验证

在前述所做高新技术企业组（1073 家）和非高新技术企业组（1103 家）的分组基础上，我们分别截取了上述两个分组中 2007 ~ 2009 年的高管员工薪酬差距变量和相关控制变量数据，对应的未来创造性产出变量使用 2008 ~ 2010 年的数据，组建两个分组三年期的样本，最终获得高新技术企业组三年共 421 个观测值，非高新技术企业组三年共 423 个观测值。我们控制了年度，对高新技术企业组和非高新技术企业组分别使用 OLS 对模型（7.2）进行了回归分析。

回归结果显示，高新技术企业组的高管员工薪酬差距与未来创造性产出呈正相关关系，但并不显著（T = 1.41，P = 0.159）；非高新技术企业组的高管员工薪酬差距与未来创造性产出关系并不显著（T = -0.02，P = 0.987）。总体看来，前述关于高管员工薪酬差距与未来创造性产出关系的实证结论未见显著改变。

（四）机械、设备、仪表业高管员工薪酬差距与未来创造性产出关系验证

我们以前述 151 家机械、设备、仪表业公司为研究样本，截取

2007～2009 年中高管员工薪酬差距变量和相关控制变量，对应的未来创造性产出变量使用 2008～2010 年的数据，共计 453 个观测值，选用平衡面板混合模型对模型（7.2）进行稳健回归估计。回归结果显示，高管员工薪酬差距与未来创造性产出间关系为正，但并不显著（T＝0.55，P＝0.583）。前述关于高管员工薪酬差距与未来创造性产出关系的实证结论未见显著改变。

总的来看，针对高管员工薪酬差距与未来创造性产出的四种稳健性检验结果与前述结论基本一致，说明前面的实证结果是稳健和可靠的。

三、研究结论

归纳起来，上述四种稳健性结果与前述实证结论基本一致。这说明在其他条件不变的情形下，总体看来，高管员工薪酬差距与当期以及未来创造性产出间存在显著正相关关系的实证结论是稳健的。

高管员工薪酬差距与
创造性产出：基于董事长
特征的视角
Chapter 8

第八章 高管员工薪酬差距、董事长特征与创造性产出的实证检验

在第七章对高管员工薪酬差距与创造性产出总体关系实证检验的基础上，本章关注董事长特征对薪酬差距竞争性和公平性影响，使用我国制造业上市公司数据对其在高管员工薪酬差距与创造性产出关系中的调节效应进行考察，实证检验假设 3、假设 4、假设 5、假设 6、假设 7 和假设 8。本章首先检验董事长特征在薪酬差距与当期创造性产出关系间的调节作用，之后检验董事长特征在薪酬差距与未来创造性产出关系间的调节作用，以获取董事长特征调节薪酬差距与创造性产出关系的经验证据。

第一节　研究设计

一、变量计量

（一）高管员工薪酬差距

高管员工薪酬差距采用相对指标计量，即高管薪酬相当于员工薪酬的倍数，相对薪酬差距（rgap）的计算方法与第七章中所使用的方法相同。同样，为获得更好的数据拟合效果，我们对相对薪酬差距取了对数（lnrgap），以合理压缩数据波动幅度。

（二）创造性产出

创造性产出以第六章中构造的创造性产出多指标综合得分（score）计量，指标包含当期专利申请、创新获奖、新产品和新项目、现有工艺改造和管理流程创新 5 项，综合得分为企业所包含的各类创造性产出的算术平均值，分布区间为［0，1］。

（三）董事长特征

根据研究样本特征和数据可得性，董事长特征分别从在位时间、年龄、学历程度和兼职情况 4 个方面计量[①]。

在位时间（tensure）。董事长在位时间以当年年末为计算的截止日期，最早担任董事长职务的日期为计算的开始日期，在位时间等于任职截止日期减去最早担任董事长职务的日期。

学历程度（degree）。董事长学历按 5 个学历层次赋值，其中，大专以下取 1，大专取 2，本科取 3，硕士研究生取 4，博士研究生取 5。

兼职情况（part-time）。董事长兼职情况视董事长是否在上市公司以外担任职务而定，有兼职取 1，否则取 0。

（四）控制变量

与第七章实证检验中所选取的控制变量相同，本章中的控制变量包括：企业规模，以期末总资产对数表示（size）；研发投入，以企业技术和研发人员占在职员工比例（tech）表示；技术实力，以企业技术中心等级（techc）表示；产品市场竞争程度，以垄断租金（pmc）表示；公司盈利状况（roa）、收入水平（reve）、负债水平（alr）、现金流量（ncf）、成长能力（grow）、股权性质（congro）、股权集中程度（herf10）和技术导向性质（是否为高新技术企业，teche）。

二、研究模型

（一）高管员工薪酬差距、董事长特征与当期创造性产出模型

在第七章高管员工薪酬差距与当期创造性产出两者间关系模型（7.1）的基础上，我们加入董事长特征与薪酬差距的交乘项，建立董事长特征、薪酬差距与当期创造性产出关系的模型（8.1）、模型（8.2）、模型（8.3）和模型（8.4）。

---

① 通常情况下，性别也是较为常见的个人特征因素，但在本书的有效样本中，董事长为男性的比例高达95%，导致这一因素的差异性较低，故未选取。另外，我们最初也考察了董事长持股比例这一因素，但有效样本中董事长持股情形并不多，有持股情形的样本所占比例低于5%，不同样本公司间该指标的差异性较低，因此也未选取。

高管员工薪酬差距与当期创造性产出两者间关系模型为：

$$score_{i,t} = \rho_0 + \rho_1 \ln rgap_{i,t} + control_{i,t} + \varepsilon_{i,t}$$

高管员工薪酬差距、董事长特征与当期创造性产出关系的模型如下：

$$score_{i,t} = \kappa_0 + \kappa_1 \ln rgap_{i,t} + \kappa_2 \ln rgap_{i,t} \times tensure_{i,t} + \kappa_3 tensure_{i,t} + control_{i,t} + \varepsilon_{i,t} \quad (8.1)$$

$$score_{i,t} = \lambda_0 + \lambda_1 \ln rgap_{i,t} + \lambda_2 \ln rgap_{i,t} \times age_{i,t} + \lambda_3 age_{i,t} + control_{i,t} + \varepsilon_{i,t} \quad (8.2)$$

$$score_{i,t} = \gamma_0 + \gamma_1 \ln rgap_{i,t} + \gamma_2 \ln rgap_{i,t} \times \mathrm{degree}_{i,t} + \gamma_3 \mathrm{degree}_{i,t} + control_{i,t} + \varepsilon_{i,t} \quad (8.3)$$

$$score_{i,t} = \eta_0 + \eta_1 \ln rgap_{i,t} + \eta_2 \ln rgap_{i,t} \times part\_time_{i,t} + \eta_3 part\_time_{i,t} + control_{i,t} + \varepsilon_{i,t} \quad (8.4)$$

其中，$score_{i,t}$为当期创造性产出综合得分，$lnrgap_{i,t}$为当期高管员工相对薪酬差距对数，$tensure_{i,t}$为董事长在位时间，$age_{i,t}$为董事长年龄，$degree_{i,t}$为董事长学历，$part_time_{i,t}$为董事长兼职情况。$control_{i,t}$包括当期的企业规模（size）、研发和技术人员投入比例（tech）、技术中心等级（techc）、市场竞争程度（pmc）、盈利能力（roa）、收入水平（reve）、负债水平（alr）、经营现金流量（ncf）、成长能力（grow）、股权性质（congro）、股权集中程度（herf10）和技术导向性质（teche）。

（二）高管员工薪酬差距、董事长特征与未来创造性产出模型

在第七章高管员工薪酬差距与未来创造性产出两者间关系模型（模型7.2）的基础上，我们加入董事长特征与薪酬差距的交乘项，建立董事长特征调节薪酬差距与未来创造性产出间关系的模型（模型8.5～模型8.8）。

高管员工薪酬差距与未来创造性产出两者间线性关系模型为：

$$score_{i,t+1} = \tau_0 + \tau_1 \ln rgap_{i,t} + control_{i,t} + \varepsilon_{i,t}$$

高管员工薪酬差距、董事长特征与未来创造性产出关系的模型如下：

$$score_{i,t+1} = \alpha_0 + \alpha_1 \ln rgap_{i,t} + \alpha_2 \ln rgap_{i,t} \times tensure_{i,t}$$

$$+\alpha_3 tensure_{i,t}+control_{i,t}+\varepsilon_{i,t} \tag{8.5}$$

$$score_{i,t+1}=\beta_0+\beta_1 \ln rgap_{i,t}+\beta_2 \ln rgap_{i,t}\times age_{i,t}$$
$$+\beta_3 age_{i,t}+control_{i,t}+\varepsilon_{i,t} \tag{8.6}$$

$$score_{i,t+1}=\chi_0+\chi_1 \ln rgap_{i,t}+\chi_2 \ln rgap_{i,t}\times \mathrm{degree}_{i,t}$$
$$+\chi_3 \mathrm{degree}_{i,t}+control_{i,t}+\varepsilon_{i,t} \tag{8.7}$$

$$score_{i,t+1}=\delta_0+\delta_1 \ln rgap_{i,t}+\delta_2 \ln rgap_{i,t}\times part\_time_{i,t}$$
$$+\delta_3 part\_time_{i,t}+control_{i,t}+\varepsilon_{i,t} \tag{8.8}$$

其中，$score_{i,t+1}$为滞后一期的创造性产出综合得分，表示未来创造性产出。

第二节　高管员工薪酬差距、董事长特征与当期创造性产出的实证检验

一、样本和数据

我们使用平衡面板数据，以沪深两市 2007～2010 年的制造业上市公司为研究样本。在第七章高管员工薪酬差距与当期创造性产出关系检验中 544 家样本公司数据的基础上，我们加入了样本公司所对应的董事长特征数据，形成了本章的基础样本数据。其中，董事长年龄、学历和兼职情况数据直接取自 CSMAR 数据库，并对缺失数据采用手工翻阅报表和网络查找等方式进行了补充。董事长在位时间计算所需的任职开始日期数据部分直接取自 CSMAR 数据库，部分以手工翻阅报表和网络查找等方式补充获取。

对 544 家样本公司添加完董事长特征数据后，我们首先对董事长特征数据的异常样本进行了剔除；其次，鉴于现实中不少上市公司存在的董事长和总经理两职合一情况，为清楚反映董事长职务的领导行为对高管员工薪酬差距竞争性和公平性的独立影响，我们又进一步剔除了董事长和总经理两职合一的公司；最后共获得 429 家样本公司的 1716 个有效观测值。我们对相关变量 1% 和 99% 分位数进行了 winsor

修正处理，数据分析利用 Stata 10.0 完成。

二、描述性统计和相关系数分析

（一）描述性统计分析

表 8.1、表 8.2、表 8.3 和表 8.4 报告了董事长特征的描述性统计结果。

表 8.1 的结果显示，整体上看，董事长平均在位时间为 5.2 年，而通常上市公司董事长的一个任职期间多为 3 年，这说明董事长连任情形较为多见，企业领导风格和组织目标有一定程度的稳定性。2007 ~2010 年，董事长平均在位时间逐年增加，公司间差异较大，而且这种差异呈逐年扩大趋势，这可能意味着，不同企业对于董事长长期任职态度的差异性正变得日益明显。

表 8.2 的结果显示，整体来看，董事长平均年龄为 51 岁，但公司间差异较大；从正常退休年龄 60 岁为标准看，董事长职务还是倾向于选择年长者。而且，2007 ~2010 年，董事长平均年龄的变化不大，基本稳定在 50 ~51 岁；4 年间，董事长年龄的公司间差异一直都较大，但呈现逐年递减趋势，只是变化幅度并不大，这表明不同企业对与董事长年龄相关的领导素质和行为方面的看法的分歧可能正在慢慢减少，但还是表现出较强的偏好。

表 8.3 的结果显示，整体上，董事长学历均值为 3.4，赋值对应为本科以上，表明董事长普遍具有较高的学历，公司间差异也较小。2007 ~2010 年，董事长平均学历水平不断提高，标准差不断减少，这表明不同公司间对与董事长学历相关的领导素质和行为的看法越来越一致，都日益倾向于选择学历程度高的人担任董事长职务。当然，这也与我国现阶段后续教育的快速发展有一定关联，为了更好适应环境变化和满足工作需要，董事长接受后续教育的情况越来越多见，如接受 MBA 和 EMBA 学位教育和培训的总人数越来越多。

表 8.4 的结果显示，整体上，董事长兼职情形均值为 0.85，赋值对应接近有兼职情况，表明董事长普遍在上市公司之外兼职，而且

公司间差异较小。2007~2010年，兼职情形呈增长趋势，公司间差异则呈缩小状态，这表明不同公司间对董事长兼职的看法越来越趋同。不过，这可能也与我国上市公司规模不断扩张、集团化发展日益普遍有关，这样的发展趋势和模式也在一定程度上导致了董事长兼职情形的日益普遍。

表8.1　　董事长在位时间的描述性统计结果

指标	年度	均值	标准差	最小值	最大值	样本数
董事长在位时间（tensure）	2010	5.6676	3.7268	0.1	17	429
	2009	5.3935	3.3822	0.1	16	429
	2008	5.1366	3.1494	0.1	15	429
	2007	4.7175	2.8843	0.6	14	429
	整体	5.2288	3.3159	0.1	17	1716

资料来源：作者整理。

表8.2　　董事长年龄的描述性统计结果

指标	年度	均值	标准差	最小值	最大值	样本数
董事长年龄（age）	2010	51.9277	6.9054	34	71	429
	2009	51.4336	7.0481	33	71	429
	2008	50.8881	7.1752	32	70	429
	2007	50.7739	7.2381	31	69	429
	整体	51.2558	7.1016	31	71	1716

资料来源：作者整理。

表8.3　　董事长学历的描述性统计结果

指标	年度	均值	标准差	最小值	最大值	样本数
董事长学历（degree）	2010	3.4988	0.9850	1	5	429
	2009	3.4429	0.9975	1	5	429
	2008	3.3916	0.9979	1	5	429
	2007	3.3310	1.0105	1	5	429
	整体	3.4161	0.9988	1	5	1716

资料来源：作者整理。

表 8.4　　董事长兼职的描述性统计结果

指标	年度	均值	标准差	最小值	最大值	样本数
董事长兼职情况（part_time）	2010	0.8671	0.3398	0	1	429
	2009	0.8601	0.3472	0	1	429
	2008	0.8508	0.3567	0	1	429
	2007	0.8322	0.3742	0	1	429
	整体	0.8526	0.3546	0	1	1716

资料来源：作者整理。

（二）相关系数分析

表 8.5 列示了董事长特征各变量与高管员工薪酬差距、创造性产出以及控制变量间的相关系数及分析结果。

从表 8.5 中的相关系数分析结果看，高管员工薪酬差距与创造性产出间呈现出显著正相关关系，一定程度上表明，高管员工薪酬差距越大，创造性产出越高。董事长年龄、学历程度和兼职程度与创造性产出的相关系数均显著为正。此外，规模越大的企业，创造性产出越多，与现实中我国企业技术创新主要由大规模企业推动的现象一致。研发人员投入比例越高以及企业技术中心等级越高，创造性产出也都越多。企业收入水平越高，创造性产出也越高。而且，股权集中程度越大的企业，创造性产出越大，说明大股东在推动企业创造性产出上具有显著影响。高新技术企业的创造性产出水平也更高。

表 8.5　各变量相关系数

（obs = 1716）

	score	lnwrgap	tensure	age	degree	part_time	lnasset	tech	techc
score	1.0000								
lnwrgap	0.0666***	1.0000							
tensure	0.0010	0.0523**	1.0000						
age	0.0451*	0.0315	0.3823***	1.0000					
degree	0.0944***	-0.0464*	-0.1252***	-0.2920***	1.0000				
part_time	0.0745***	0.0353	-0.0158	0.0328	0.0465*	1.0000			
lnasset	0.2201***	0.1173***	0.0472*	0.1616***	0.0708***	0.1304***	1.0000		
tech	0.0589**	-0.0255	0.1050***	0.0594**	0.0614**	0.0365	0.1270***	1.0000	
techc	0.1309***	0.0437**	0.0499*	0.0444*	0.0597**	0.0390*	0.0958***	0.1195***	1.0000
teche	0.1377***	0.0323	0.0364	-0.0035	0.0602**	0.0307	0.0027	0.2078***	0.2065***
pmc	-0.0088	0.0832***	0.0589**	0.0729***	-0.0432*	0.0806***	0.0689***	0.0123	0.0071
reve	0.1164***	0.0557**	-0.0095	0.0602**	0.0085	0.0867***	0.1425***	-0.0164	-0.0084
roa	0.0180	0.1471***	0.0694***	0.0665***	-0.0707***	0.0758***	0.0745***	-0.0495**	0.0107
ncf	0.0006	0.0520**	0.0588**	0.1153***	-0.0465*	0.0182	0.0282	0.0369	-0.0073
alr	0.0385	0.0198	-0.0039	-0.0121	0.0485**	0.0887***	0.4088***	0.0305	0.0134
grow	0.0146	-0.0083	-0.0355	0.0278	-0.0783***	0.0180	0.0564**	0.0420*	-0.0280
congtro	0.0490**	-0.1331***	-0.1236***	0.0594**	0.1832***	0.0109	0.1163***	-0.0527**	-0.0312
herf10	0.0785***	-0.0879***	-0.1130***	0.0101	0.0569**	0.0764***	0.3685***	-0.0222	-0.0731***

续表

	teche	pmc	reve	roa	ncf	alr	grow	congtro	herf10
teche	1.0000								
pmc	-0.0155	1.0000							
reve	-0.0075	0.0500**	1.0000						
roa	-0.0052	0.7072***	0.1819***	1.0000					
ncf	0.0204	0.2856***	0.1382***	0.3951***	1.0000				
alr	-0.0780***	-0.1346***	0.0883***	-0.2572***	-0.1918***	1.0000			
grow	0.0155	0.0574**	0.1331***	0.0821***	-0.0069	0.0582**	1.0000		
congtro	-0.0250	-0.1144***	0.0426*	-0.1711***	-0.0677***	0.0738***	-0.0594**	1.0000	
herf10	-0.0857***	0.0625***	0.1275***	0.0555**	0.0104	0.1027***	0.1174***	0.1415***	1.0000

注：***、**和*分别表示在1%、5%和10%水平上显著相关。

资料来源：作者整理。

三、实证结果分析

我们使用平衡面板数据固定效应模型进行回归分析。由于面板数据模型的估计容易受自相关和异方差的影响，我们采用了综合处理办法，使用Stata 软件中的 Xtscc 命令对固定效应模型进行估计（Hoechle, 2007）。

表8.6 列示了高管员工薪酬差距、董事长特征与当期创造性产出回归结果。

实证结果显示，在模型（8.1）中，董事长在位时间和相对薪酬差距的交乘项与当期创造性产出在5%水平上呈显著正相关关系，假设3 得到支持，说明董事长在位时间越长可能越有助于形成竞争性和公平性兼顾的高管员工薪酬差距，并能促进高管员工薪酬差距与创造性产出间的关系。在模型（8.2）中，董事长年龄和相对薪酬差距的交乘项与当期创造性产出在5%水平上呈显著正相关关系，假设4 得到支持，假设5 未获支持，说明年长的董事长比年轻的董事长可能更有助于形成竞争性和公平性兼顾的高管员工薪酬差距，并能促进高管员工薪酬差距与创造性产出间的关系；同时，排除了董事长年龄因素影响之后，相对薪酬差距与当期创造性产出间关系在10%水平上显著负相关。在模型（8.3）中，董事长学历程度和薪酬差距交乘项与当期创造性产出在10%水平上负相关，假设7 得到支持，假设6 未获支持，表明董事长学历越高可能越倾向于形成公平性强但竞争性弱的薪酬差距，会削弱高管员工薪酬差距与创造性产出间的关系；同时，排除了董事长学历因素影响后，相对薪酬差距与当期创造性产出间关系在5%水平上显著正相关。在模型（8.4）中，董事长兼职和薪酬差距的交乘项与当期创造性产出在1%水平上表现为负相关关系，假设8 得到支持，这意味着董事长兼职可能不利于形成和贯彻兼具竞争和公平的薪酬差距，会削弱高管员工薪酬差距与创造性产出的关系；同时，排除了董事长兼职因素影响后，相对薪酬差距与当期创造性产出间关系在1%水平上显著正相关。

控制变量的回归结果表明，研发人员投入和技术实力与创造性产出显著正相关。垄断租金与创造性产出间系数显著为负，表明产品市场竞争程度越大，创造性产出越高，与 Lunn（1986）、Gayle（2001）、丁重和张耀辉（2009）以及邓可斌和丁重（2010）等人认为的市场集中程度与技术创新正相关、垄断往往会抑制创新的研究结论相呼应。另外，企业的盈利能力与创造性产出显著正相关，收入水平和负债水平与创造性产出显著负相关，同时，股权性质与创造性产出显著正相关，说明企业的国有性质有助于创造性产出提升。

表 8.6 高管员工薪酬差距、董事长特征与当期创造性产出的回归结果

解释变量	score（模型 8.1）	score（模型 8.2）	score（模型 8.3）	score（模型 8.4）
lnrgap	0.0049 (0.75)	-0.0499 * (-1.88)	0.0490 ** (2.51)	0.0755 *** (6.27)
tensure	-0.0040 (-1.37)			
tensure × lnrgap	0.0020 ** (2.00)			
age		-0.0050 ** (-2.16)		
age × lnrgap		0.0013 ** (2.56)		
degree			0.0231 (1.33)	
degree × lnrgap			-0.0102 * (-1.66)	
Part - time				0.1183 ** (2.25)
Part - time × lnrgap				-0.0685 *** (-5.30)
size	-0.0031 (0.45)	-0.0001 (-0.01)	-0.0021 (-0.31)	-0.0013 (-0.20)
tech	2.9339 *** (3.22)	3.0540 *** (3.7)	2.8913 *** (2.71)	3.0657 *** (3.35)

续表

解释变量	score（模型8.1）	score（模型8.2）	score（模型8.3）	score（模型8.4）
techc	0.01141*** (3.09)	0.0115*** (3.19)	0.0116*** (3.20)	0.0118*** (2.95)
pmc	-0.1887*** (-6.31)	-0.1918*** (-6.48)	-0.1905*** (-6.55)	-0.1847*** (-6.81)
roa	0.2513* (1.81)	0.2530* (1.89)	0.2526* (1.84)	0.2345* (1.63)
reve	-0.0620*** (-3.7)	-0.0609*** (-3.42)	-0.0635*** (-3.91)	-0.0633*** (-3.94)
rla	-0.1734** (-2.26)	-0.1802** (-2.39)	-0.1783** (-2.37)	-0.1807** (-2.26)
ncf	-0.0669 (-0.69)	-0.0606 (-0.63)	-0.0631 (-0.66)	-0.0722 (-0.8)
grow	0.0061 (1.49)	0.0061 (1.54)	0.0064 (1.53)	0.0059 (1.43)
congro	0.0299*** (2.64)	0.0317*** (2.78)	0.0302*** (2.66)	0.0306** (2.46)
herf10	0.2102 (1.14)	0.2137 (1.17)	0.2173 (1.25)	0.2009 (1.08)
teche	0.0313*** (4.68)	0.0315*** (4.78)	0.0317*** (5.04)	0.0326*** (3.98)
常数项	0.1472 (0.96)	0.2977** (2.14)	0.0345 (0.28)	-0.0281 (-0.15)
F值	69.81***	68.36***	37.21***	107.56**
Within - R^2	0.0289	0.0303	0.0295	0.0330
观测值	1716	1716	1716	1716
公司数	429	429	429	429

注：***、**和*分别表示在1%、5%和10%水平上显著相关。
资料来源：作者整理。

四、研究结论

总的来说，上述实证结果表明，董事长特征可能影响其对于薪酬差距竞争性和公平性的调节力度和倾向，进而调节薪酬差距与当期创造性产出间的关系。在位时间长、年龄大的董事长更有助于形成竞争性和公平性兼顾的高管员工薪酬差距，并能促进高管员工薪酬差距与当期创造性产出间的关系，而高学历、有兼职的董事长则可能更倾向于形成公平性强但竞争性弱的薪酬差距，会削弱高管员工薪酬差距与当期创造性产出的关系。

第三节　高管员工薪酬差距、董事长特征与未来创造性产出的实证检验

本节我们以滞后一期的创造性产出表示未来创造性产出，对当期高管员工薪酬差距、董事长特征与未来创造性产出间的关系进行实证检验，考察董事长特征在薪酬差距激励未来创造性产出时是否也具有调节作用。

一、样本和数据

在前述高管员工薪酬差距与当期创造性产出的研究样本下，我们截取 2007 ~ 2009 年的高管员工薪酬差距变量、董事长特征变量和相关控制变量，将其与 2008 ~ 2010 年的创造性产出变量进行回归检验。截取后共获得 1287 个研究样本；之后，我们对相关变量的 1% 和 99% 分位数进行了 winsor 修正处理。数据分析利用 Stata 10.0 完成。

二、实证结果分析

我们选用平衡面板固定效应模型对模型（8.5）、模型（8.6）、模型（8.7）和模型（8.8）进行回归分析，回归结果如表 8.7 所示。

表 8.7　高管员工薪酬差距、董事长特征与未来创造性产出回归结果

解释变量	score（模型 8.5）	score（模型 8.6）	score（模型 8.7）	score（模型 8.8）
lnrgap	-0.0155 (-1.19)	-0.1202 (-1.53)	0.0630*** (3.47)	0.0216 (1.42)
tensure	-0.0143*** (-3.10)			
tensure × lnrgap	0.0041 (1.53)			
age		-0.0079 (-2.57)		
age × lnrgap		0.0025* (1.64)		
degree			0.0542*** (4.67)	
degree × lnrgap			-0.0179*** (-3.27)	
Part - time				0.2812 (1.41)
Part - time × lnrgap				-0.0230 (-1.50)
size	0.0793*** (4.93)	0.0785*** (5.09)	0.0727*** (4.27)	0.0853*** (6.06)
tech	-1.145* (-1.8)	-1.4690** (-2.39)	-1.7090*** (-2.94)	-1.4974*** (-3.03)
techc	-0.0148*** (-2.91)	-0.0148** (-2.85)	-0.0145*** (-2.73)	-0.0152*** (-2.85)
pmc	-0.2240*** (-6.37)	-0.2246*** (-5.89)	-0.2190*** (-5.66)	-0.2147*** (-6.08)
roa	0.3625** (2.52)	0.3568** (2.56)	0.3504** (2.37)	0.3357** (2.46)
reve	0.0039 (0.38)	0.0063 (0.53)	0.0005 (0.06)	0.0117** (2.13)
rla	0.0098 (0.38)	0.0104 (0.35)	0.0177 (0.76)	0.0000 (0.00)

续表

解释变量	score（模型 8.5）	score（模型 8.6）	score（模型 8.7）	score（模型 8.8）
ncf	-0.0201 (-0.51)	-0.0151 (-0.39)	-0.0087 (-0.24)	-0.0250 (-0.65)
grow	-0.0168 *** (-2.85)	-0.0165 ** (-2.64)	-0.0150 ** (-2.68)	-0.0185 *** (-3.19)
congro	0.0265 (0.97)	0.0307 (1.10)	0.0270 (0.95)	0.0287 (1.15)
herf10	-0.2240 *** (-3.84)	-0.2276 *** (-4.39)	-0.2009 *** (-3.36)	-0.2365 *** (-3.87)
teche	-0.0134 *** (-2.97)	-0.0123 *** (-3.19)	-0.0113 *** (-2.93)	-0.0122 *** (-3.00)
常数项	-1.0856 *** (-3.96)	-0.7042 *** (-5.41)	-1.1256 *** (-3.22)	-1.2765 *** (-5.71)
F 值	1.78 **	3.09 ***	5.60 ***	93.84 ***
Within - R^2	0.0173	0.0176	0.0176	0.0159
公司数	429	429	429	429
观测值	1287	1287	1287	1287

注：***、** 和 * 分别表示在 1%、5% 和 10% 水平上显著相关。
资料来源：作者整理。

表 8.7 中的实证结果显示，董事长在位时间与薪酬差距的交乘项与未来创造性产出呈正相关关系，但并不显著；董事长年龄与薪酬差距的交乘项与未来创造性产出在 10% 水平上显著正相关；董事长学历与薪酬差距的交乘项与未来创造性产出在 1% 水平上显著负相关；董事长兼职与薪酬差距的交乘项与未来创造性产出呈负相关关系，但并不显著。这在一定程度上表明，董事长特征对高管员工薪酬差距与未来创造性产出间关系存在一定的调节作用。

三、总结

归纳起来看，董事长某些个人特征对薪酬差距与未来创造性产出关系具有一定调节作用；在薪酬差距一定的情形下，年长的以及在位时间长的董事长对未来创造性产出的促进作用可能较为明显。

第四节　稳健性检验

本节对高管员工薪酬差距、董事长特征分别与当期以及未来创造性产出间的关系进行稳健性检验。

一、高管员工薪酬差距、董事长特征与当期创造性产出关系的检验

（一）以高管员工绝对薪酬差距替代高管员工相对薪酬差距验证

我们以高管员工绝对薪酬差距替换相对薪酬差距变量，对模型8.1、模型8.2、模型8.3和模型8.4进行回归分析，其中绝对薪酬差距（agap）等于高管平均薪酬减去普通员工的平均薪酬。高管薪酬总额以薪酬最高的前三名高管薪酬总额计量，数据直接取自CSMAR数据库，将其除以3得到高管平均薪酬。员工薪酬总额基本数据通过现金流量表中“支付给职工和为职工支付现金总额”扣除薪酬最高的前三名高管薪酬总额后获得，鉴于“支付给职工和为职工支付现金总额”中包含企业为职工所支付的养老保险金等社会基本保障费用，如同前述计算相对薪酬差距一样，我们对其中所含社会基本保障费用部分进行了剔除，之后再计算员工平均薪酬。为获取更好的拟合效果，我们对绝对薪酬差距取了对数（lnagap）。

我们仍以前述429家制造业上市公司为研究样本，采用固定效应模型对模型8.1、模型8.2、模型8.3和模型8.4进行回归分析。我们对相关变量1%和99%分位数进行了winsor修正处理，数据分析利用Stata 10.0完成。

回归结果（见表8.8）显示，董事长在位时间和绝对薪酬差距的交乘项与当期创造性产出在1%水平上显著正相关，与前述实证结果一致。董事长年龄和绝对薪酬差距的交乘项与当期创造性产出呈正相关关系，位并不显著，与前述实证结果并不相悖；董事长学历和绝对

薪酬差距的交乘项与当期创造性产出在1%水平上显著负相关，与前述实证结果一致。董事长兼职和绝对薪酬差距的交乘项与当期创造性产出在1%水平上显著负相关，与前述实证结果一致。

表8.8　绝对薪酬差距（替代相对薪酬差距）、董事长特征与当期创造性产出回归结果

解释变量	score（模型8.1）	score（模型8.2）	score（模型8.3）	score（模型8.4）
lnagap	0.0069** (2.4)	-0.0114 (-0.43)	0.0457*** (4.9)	0.0723*** (5.42)
tensure	-0.0243*** (-5.43)			
tensure × lnagap	0.0020*** (5.92)			
age		-0.0092 (-1.41)		
age × lnagap		0.0006 (1.00)		
degree			0.1101*** (3.09)	
degree × lnagap			-0.0088*** (-3.29)	
Part - time				0.7574*** (3.91)
Part - time × lnagap				-0.0638*** (-4.77)
size	-0.0065 (-0.96)	-0.0028 (-0.37)	-0.0046 (-0.75)	-0.0049 (-0.84)
tech	2.8704*** (3.20)	2.9401*** (3.72)	2.8193*** (2.78)	3.0022*** (3.53)
techc	0.0115*** (2.92)	0.0116*** (3.01)	0.0119*** (3.04)	0.0119*** (3.23)
pmc	-0.1916*** (-6.13)	-0.1925*** (-6.25)	-0.1922*** (-6.58)	-0.1871*** (-5.94)
roa	0.2610* (1.86)	0.2578* (1.92)	0.2571* (1.87)	0.2556* (1.76)

续表

解释变量	score（模型8.1）	score（模型8.2）	score（模型8.3）	score（模型8.4）
reve	-0.0659*** (-3.90)	-0.0651*** (-3.58)	-0.0666*** (-3.81)	-0.0706*** (-4.09)
rla	-0.1671** (-2.21)	-0.1744** (-2.34)	-0.1760** (-2.27)	-0.1775** (-2.25)
ncf	-0.0687 (-0.70)	-0.0624 (-0.65)	-0.0636 (-0.65)	-0.0750 (-0.81)
grow	0.0065* (1.67)	0.0065* (1.66)	0.0065* (1.67)	0.0065 (1.58)
congro	0.0303*** (2.76)	0.0321*** (2.84)	0.0312*** (2.76)	0.0288** (2.54)
herf10	0.2078 (1.12)	0.2095 (1.15)	0.2143 (1.22)	0.2120 (1.15)
teche	0.0309*** (4.62)	0.0313*** (4.52)	0.0313*** (4.81)	0.0314*** (4.90)
常数项	0.1546 (1.07)	0.4050* (1.86)	-0.3589** (-2.24)	-0.6658** (-2.28)
F值	94.87***	59.74***	43.61***	100.19**
Within - R^2	0.0300	0.0308	0.0303	0.0352
观测值	1716	1716	1716	1716
公司数	429	429	429	429

注：***、**和*分别表示在1%、5%和10%水平上显著相关。
资料来源：作者整理。

总体看来，以绝对薪酬差距替代相对薪酬差距进行验证所获的结果与前述实证结论基本一致。

（二）以发明专利替代创造性产出得分验证

我们用企业当期发明专利申请数（ipatent）代替创造性产出综合得分表示当期创造性产出水平，以2007～2010年125家制造业公司的500个观测值为研究样本，使用平衡面板固定效应模型对模型8.1、模型8.2、模型8.3和模型8.4进行检验。我们对发明专利申请数取了对数，并对相关变量1%和99%分位数进行了winsor修正处理。数据分析利用Stata 10.0完成。

回归结果（见表8.9）显示，董事长在位时间、年龄和相对薪酬差距的交乘项与创造性产出均呈显著正相关关系；董事长学历、兼职和相对薪酬差距的交乘项与创造性产出均呈显著负相关关系。与前述实证结论一致。

表8.9　高管员工薪酬差距、董事长特征与当期发明专利（替代当期创造性产出得分）回归结果

解释变量	score（模型8.1）	score（模型8.2）	score（模型8.3）	score（模型8.4）
lnagap	-0.0582 (-0.64)	-0.6606* (-1.7)	0.3881*** (5.88)	0.3151*** (3.08)
tensure	-0.0937*** (-3.01)			
tensure×lnagap	0.0324*** (2.75)			
age		-0.0306 (-1.60)		
age×lnagap		0.0148** (2.06)		
degree			0.0390 (0.87)	
degree×lnagap			-0.0802*** (-4.48)	
Part-time				0.2967 (1.51)
Part-time×lnagap				-0.2307** (-2.15)
size	-0.0463 (-0.46)	-0.0689 (-0.80)	-0.0387 (-0.46)	-0.0714 (-0.75)
tech	20.6753** (2.05)	18.5793* (1.92)	20.9681** (2.15)	21.7596** (2.17)
techc	-0.0250** (-2.11)	-0.0164 (-1.22)	-0.0179* (-1.78)	-0.0124 (-1.01)
pmc	0.7002** (2.27)	0.6907** (2.35)	0.6704** (2.48)	0.7128** (2.30)

续表

解释变量	score（模型 8.1）	score（模型 8.2）	score（模型 8.3）	score（模型 8.4）
roa	-2.6709*** (-4.86)	-2.6225*** (-5.39)	-2.7439*** (-6.10)	-2.6846*** (-5.37)
reve	0.2665** (2.22)	0.2680** (2.10)	0.2700* (1.96)	0.2764** (2.16)
rla	-0.3786 (-1.31)	-0.3497 (-1.29)	-0.4119* (-1.85)	-0.2897 (-1.10)
ncf	0.9124** (2.38)	0.9088** (2.40)	1.0130*** (3.33)	0.8634* (1.96)
grow	0.0166 (0.40)	0.0193 (0.51)	0.0185 (0.45)	0.0169 (0.40)
congro	0.2551*** (3.34)	0.2296*** (3.32)	0.2411*** (3.68)	0.2424*** (3.25)
herf10	1.4509* (1.73)	1.4685* (1.78)	1.5407** (2.30)	1.3511* (1.71)
teche	0.0515* (1.90)	0.0401 (1.53)	0.0438* (1.68)	0.0393 (1.48)
常数项	0.0786 (0.02)	1.9557 (0.81)	-0.7393 (-0.23)	-0.2690 (-0.08)
F 值	114.73***	56.67***	40.18***	58.38**
Within - R^2	0.0594	0.0543	0.0622	0.0529
观测值	500	500	500	500
公司数	125	125	125	125

注：***、**和*分别表示在1%、5%和10%水平上显著相关。
资料来源：作者整理。

总的来看，两种检验结果与前述结论基本一致，说明前面的实证结果是稳健和可靠的。

二、高管员工薪酬差距、董事长特征与未来创造性产出关系的检验

（一）以高管员工绝对薪酬差距替代高管员工相对薪酬差距验证

我们以高管员工绝对薪酬差距替换相对薪酬差距变量，选择与前

述相同的429家制造业上市公司为研究样本，对2007～2009年绝对薪酬差距变量、董事长特征变量和相关控制变量、2008～2010年创造性产出变量共计1287个观测值，采用平衡面板固定效应模型对模型8.5、模型8.6、模型8.7和模型8.8进行回归分析。绝对薪酬差距（agap）计算方法与前述相同，并对相关变量1%和99%分位数进行了winsor修正处理，数据分析利用Stata 10.0完成。

回归结果（见表8.10）显示，董事长在位时间和绝对薪酬差距交乘项、董事长年龄和绝对薪酬差距交乘项与未来创造性产出间均呈显著正相关关系；董事长学历和绝对薪酬差距交乘项、董事长兼职和绝对薪酬差距交乘项与未来创造性产出间均呈显著负相关关系。实证结果与前述相对薪酬差距、董事长各项特征与未来创造性产出所获结论基本一致。

表8.10 绝对薪酬差距（替代相对薪酬差距）、董事长特征与未来创造性产出固定效应回归结果

解释变量	score（模型8.5）	score（模型8.6）	score（模型8.7）	score（模型8.8）
lnagap	-0.0157*** (-3.88)	-0.0249*** (-3.49)	0.0396 (1.23)	0.0139* (1.96)
tensure	-0.0141*** (-16.06)			
tensure × lnagap	0.0001*** (5.72)			
age		-0.0052*** (-6.79)		
age × lnagap		0.0001*** (7.25)		
degree			0.1831* (1.73)	
degree × lnagap			-0.0136* (-1.64)	
Part - time				0.2645* (1.91)
Part - time × lnagap				-0.0216** (-2.07)

续表

解释变量	score（模型 8.5）	score（模型 8.6）	score（模型 8.7）	score（模型 8.8）
size	0.0830*** (5.28)	0.0860*** (5.50)	0.0774*** (4.96)	0.0827*** (5.22)
tech	-1.0864** (-2.10)	-1.3874*** (-2.84)	-1.7047*** (-3.33)	-1.5940*** (-3.15)
techc	-0.0148*** (-2.90)	-0.01483*** (-2.87)	-0.0141*** (-2.58)	-0.0152*** (-2.85)
pmc	-0.2272*** (-5.75)	-0.2240*** (-5.32)	-0.2219*** (-5.36)	-0.2158*** (-5.62)
roa	0.3643** (2.42)	0.3423** (2.39)	0.3555** (2.28)	0.3488** (2.28)
reve	0.0108 (1.31)	0.0149** (2.17)	0.0041 (0.56)	0.0061 (0.63)
rla	0.0027 (0.09)	0.0022 (0.07)	0.0026 (0.11)	0.0022 (0.07)
ncf	-0.0202 (-0.49)	-0.0170 (-0.43)	-0.0083 (-0.24)	-0.0235 (-0.59)
grow	-0.0184*** (-3.12)	-0.0191*** (-3.14)	-0.0167*** (-2.94)	-0.0171*** (-2.97)
congro	0.0283 (1.01)	0.0336 (1.25)	0.0290 (1.06)	0.0269 (1.03)
herf10	-0.2177*** (-3.30)	-0.2257*** (-3.98)	-0.2018*** (-3.70)	-0.2410*** (-3.96)
teche	-0.0133*** (-3.05)	-0.0121*** (-3.03)	-0.0119*** (-3.42)	-0.0124*** (-3.35)
常数项	-1.0138*** (-2.88)	-0.7669* (-1.85)	-1.5761** (-2.28)	-1.3278*** (-5.26)
F 值	3.51***	6.98***	7.16***	36.98**
Within - R^2	0.0182	0.0182	0.0167	0.0148
观测值	1287	1287	1287	1287
公司数	429	429	429	429

注：***、**和*分别表示在1%、5%和10%水平上显著相关。

资料来源：作者整理。

(二) 以发明专利替代创造性产出得分验证

我们以滞后一期的发明专利申请数（ipatent）替代滞后一期的创造性产出综合得分来表示未来创造性产出水平，选择与前述实证检验中相同的125家制造业上市公司为研究样本，对2007~2009年相对薪酬差距变量、董事长特征变量和相关控制变量、2008~2010年发明申请数变量共计375个观测值，采用平衡面板固定效应模型对模型8.5、模型8.6、模型8.7和模型8.8进行回归分析。我们对发明专利申请数取了对数，并对相关变量1%和99%分位数进行了winsor修正处理。数据分析利用Stata 10.0完成。

回归结果（见表8.11）显示，董事长在位时间与薪酬差距交乘项、董事长年龄与薪酬差距的交乘项与未来创造性产出间均呈显著正相关关系；董事长学历与薪酬差距交乘项、董事长兼职与薪酬差距交乘项与未来创造性产出均呈显著负相关关系。实证结果与前述相对薪酬差距与未来创造性产出所获结论基本一致。

表8.11 高管员工薪酬差距、董事长特征与滞后一期发明专利（替代未来创造性产出得分）回归结果

解释变量	Ilnpatent（模型8.5）	Ilnpatent（模型8.6）	Ilnpatent（模型8.7）	Ilnpatent（模型8.8）
lnrgap	-0.1875*** (-2.89)	-1.5035*** (-15.50)	0.2994*** (8.12)	0.3761*** (7.15)
tensure	-0.1773*** (-6.96)			
tensure × lnrgap	0.0591*** (10.07)			
age		-0.0675*** (-9.25)		
age × lnrgap		0.0307*** (13.19)		
degree			0.0543*** (3.83)	

续表

解释变量	Ilnpatent（模型 8.5）	Ilnpatent（模型 8.6）	Ilnpatent（模型 8.7）	Ilnpatent（模型 8.8）
degree × lnrgap			-0.0606*** (-10.09)	
Part - time				0.5300*** (53.01)
Part - time × lnrgap				-0.3268*** (-10.27)
size	0.4353*** (6.88)	0.3584*** (8.08)	0.4282*** (9.00)	0.4219*** (14.32)
tech	43.1101*** (35.64)	40.9294*** (39.00)	41.1815*** (28.01)	42.6212*** (51.24)
techc	-0.0153 (-1.10)	-0.0092 (-0.69)	-0.0064 (-0.50)	0.0009 (0.08)
pmc	0.5627*** (3.99)	0.5903** (2.48)	0.5741** (2.03)	0.5899** (2.37)
roa	-2.2105*** (-11.24)	-2.2513*** (-9.56)	-2.4790*** (-8.36)	-2.3309*** (-10.09)
reve	0.4920*** (7.28)	0.5266*** (9.10)	0.5199*** (7.77)	0.5137*** (7.55)
rla	-1.1910*** (-12.35)	-1.1209*** (-12.84)	-1.0805*** (-16.37)	-1.0538*** (-21.56)
ncf	-0.0371 (-0.17)	-0.1108 (-0.39)	0.1227 (0.48)	-0.1921 (-0.92)
grow	-0.0445** (-2.04)	-0.0327* (-1.73)	-0.0354** (-2.14)	-0.0398* (-1.79)
congro	0.3351*** (7.02)	0.2598*** (11.72)	0.2594*** (23.03)	0.2980*** (146.14)
herf10	1.9704*** (5.77)	1.7282*** (3.08)	1.5489** (2.49)	1.4963** (2.14)
teche	0.1582** (2.43)	0.1449** (2.43)	0.1370** (-2.42)	0.1402*** (2.83)
常数项	-12.9193*** (-10.80)	-8.2554*** (-12.34)	-13.4906*** (-14.87)	-13.8216*** (-26.72)
F 值	806.29***	960.75***	411***	1321.78***

续表

解释变量	Ilnpatent（模型 8.5）	Ilnpatent（模型 8.6）	Ilnpatent（模型 8.7）	Ilnpatent（模型 8.8）
Within - R^2	0. 1897	0. 1842	0. 1625	0. 1633
观测值	375	375	375	375
公司数	125	125	125	125

注：*** 、** 和 * 分别表示在 1%、5% 和 10% 水平上显著相关。
资料来源：作者整理。

总的来看，上述两种检验结果与前述结论基本一致，说明前面的实证结果是稳健和可靠的。

三、研究结论

归纳起来看，稳健性检验结果与前述实证结论基本一致。这说明在其他条件不变的情形下，董事长特征对高管员工薪酬差距和未来创造性产出关系具有一定的调节作用。在薪酬差距一定的情形下，年长的和在位时间长的董事长对未来创造性产出的促进作用较为明显。

高管员工薪酬差距与
创造性产出：基于董事长
特征的视角
Chapter 9

第九章 高管员工薪酬差距、董事长特征与创造性产出的案例分析
——以中兴通讯为例

作为重要的新兴产业，信息技术产业在经营管理及生产运作等方面与制造业显著不同，它属于技术密集型和人才密集型产业，对技术和设备的依赖程度较高，技术和研发人员在员工中所占比例较大。与生产制造需要使用大量廉价劳动力的传统的劳动密集型制造业相比，薪酬体系和激励机制有较为明显的差异，从现阶段我国现实来看，该行业薪资水平也普遍相对较高。而且，相比于其他传统制造业，信息产业在技术先进性和产品创新性上要求更高，生存和发展在很大程度上都依赖创造性产出水平。鉴于此，在第七章、第八章使用制造业公司数据进行了实证检验之后，本章选取信息技术产业公司作为样本对假设再行分析和检验。我们选取信息技术产业的龙头企业中兴通讯为案例公司，在分析了其薪酬激励相关制度及企业内部薪酬差距现状、创造性产出水平、特征的现状及发展趋势以及董事长领导行为特征后，尝试探讨该公司的高管员工薪酬差距与创造性产出之间可能存在的关系或趋势，以及董事长个人特征所展现的领导风格和行为对两者关系的可能影响。

中兴通讯股份有限公司（以下简称中兴通讯）是知名的综合性通信设备制造企业，公司主业包括设计、开发、生产、分销及安装各种先进的 ICT 领域系统①、设备和终端，涉及运营商网络、政企业务和消费者业务。公司成立于 1985 年，1997 年在深圳交易所上市（股票代码：000063），目前是境内 A 股市场上最大的通信设备制造业上市公司之一，2004 年 12 月，又在香港联交所上市。中兴通讯是中国电信市场的主导通信设备供应商之一，并已成功进入国际电信市场，业务遍布全球 160 多个国家和地区。公司的创新能力在国内企业中首屈一指，截至 2015 年，专利申请数在全球范围内已经连续六年位居前三。中兴通讯多年来创造性产出持续维持高水平，其激励机制的设计、运行及其与创造性产出的关系值得关注，以下我们逐一分析近年来公司的薪酬激励制度、薪酬差距现状和创造性产出水平及变化趋势，尝试描述薪酬差距与创造性产出之间的可能关联及董事长领导行为对其关系的可能影响。

案例分析所使用的数据主要来自中兴通讯披露的公司年度财务报

① IT 指信息处理技术，CT 指通信（信息传递）技术，ICT 指信息及通信技术融合后产生新的产品及服务。

告，专利数据主要来自国家知识产权局综合服务平台，董事长个人特征数据主要来自公司年度财务报告及官方主要媒体的相关报道。

一、中兴通讯薪酬激励相关制度及薪酬差距现状分析

中兴通讯的薪酬结构中包括长期和短期薪酬两种方式。短期薪酬的主要构成部分包括员工的年度工资、奖金、津贴和补贴，职工福利费，社会保险费及住房公积金；长期薪酬的最一般方式应该是离职后福利和辞退福利，此外公司还面向部分高管及员工推行股权激励计划。对于在职员工薪酬水平影响最大的当属短期薪酬和股权激励水平。公司建立有《高级管理人员薪酬与绩效管理方案》，由公司董事会薪酬与考核委员会依此将高级管理人员的薪酬与公司绩效和个人业绩相联系确定其薪酬水平，并实施股权激励计划。

（一）近年来高管员工短期货币薪酬差距现状分析

根据中兴通讯财务报告披露的数据，我们测算了 2006 ~ 2015 年 10 年间高管员工短期薪酬差距，以高管平均薪酬与其他员工的平均薪酬比较计算相对薪酬差距和绝对薪酬差距。在这个指标的计算中，第七章和第八章的大样本研究鉴于数据可得性的限制，是以前三名薪酬最高的高管的薪酬计量高管薪酬，此处我们根据公司年报披露信息，分别以前三名薪酬最高的高管薪酬以及全部高管薪酬两个指标分别计量高管薪酬，将其与员工薪酬进行比较，如表 9.1 和表 9.2 所示。

相关计算公式如下：

1. 普通员工薪酬计算公式

普通员工平均薪酬 =（职工薪酬总额 – 前三名薪酬最高的高管薪酬合计数）/（职工总数 –3）

普通员工平均薪酬 =（职工薪酬总额 – 全部高管薪酬合计数）/（职工总数 – 全部高管人数）

2. 高管员工薪酬差距计算公式

高管员工相对薪酬差距 = 高管平均薪酬/普通员工平均薪酬

高管员工绝对薪酬差距=高管平均薪酬-普通员工平均薪酬

其中，职工薪酬总额以现金流量表中的“支付给职工以及为职工支付的现金”计量（剔除社会保险费用），前三名薪酬最高的高管薪酬合计数以及全部高管薪酬合计数以报告中披露的薪酬最高的前三名高管以及全部高管的“从公司获得的应付报酬总数”为计算依据。

表9.1列示了薪酬最高的前三名高管（不含兼职高管）与其他员工的薪酬差距的测算结果。数据显示，2006~2015年的10年间，薪酬最高的前三名高管平均薪酬水平达到了252万元，最高年份超过了700万元（2015年），不足百万的年份有两年（2006年和2012年）；其他员工的平均薪酬为8.6万元，自2011年开始有了较快的增长，最高年份接近12万元（2015年），最低水平是2006年，不足6万元。高管员工相对薪酬差距高达27倍（远远高于第七章中制造业上市公司在2007~2011年这一指标12倍的平均值），最高年份达62倍，最低年份约为6倍；绝对薪酬差距可观，平均约244万元，最高年份超过700万元，最低时近60万元。

表9.1　2006~2015年高管员工货币薪酬差距（薪酬最高的三名高管薪酬）

年度	薪酬最高的三名高管的平均薪酬	员工平均薪酬	高管员工相对薪酬差距	高管员工绝对薪酬差距
2015	7347667	117250	62.67	7230416
2014	5659333	104675	54.07	5554658
2013	3150667	107552	29.29	3043115
2012	700667	106454	6.58	594212
2011	1490000	95758	15.56	1394242
2010	1703333	72737	23.42	1630597
2009	1592000	71920	22.14	1520080
2008	1184667	64317	18.42	1120349
2007	1447333	63385	22.83	1383948
2006	938967	57304	16.39	881663
均值	2521463	86135	27.14	2435328

资料来源：作者自制。

表9.2列示了公司全部高管（不含兼职高管）与其他员工之间的薪酬差距的测算结果。相较由薪酬最高的前三名高管（往往是核心高管）构成的高管团队的薪酬水平，全部高管构成的薪酬水平显著下降，高管平均薪酬水平由252万元降至148万元，下降了41%，而其他员工的平均薪酬为8.5万元，没有显著变化；高管员工相对薪酬差距降至17倍，下降了37%，最高年份的差距为29倍，绝对薪酬差距约140万元，下降了约43%。

表9.2　　2006～2015年高管员工货币薪酬差距（全部高管薪酬）

年度	全部高管平均薪酬	员工平均薪酬	高管员工相对薪酬差距	高管员工绝对薪酬差距
2015	3392500	116887	29.02	3275613
2014	2715588	104308	26.03	2611280
2013	1345379	107433	12.52	1237946
2012	649100	106380	6.10	542720
2011	1215000	95605	12.71	1119395
2010	1352813	72554	18.65	1280259
2009	1301813	71705	18.16	1230107
2008	977867	64149	15.25	913718
2007	1074895	63073	17.05	1011822
2006	731242	57045	12.82	674197
均值	1475620	85914	16.83	1389706

资料来源：作者自制。

表9.1和表9.2的数据都表明，从10年间的薪酬水平总体趋势看，高管团队的薪酬水平变动较大，总体呈现出上升趋势，但各年间高低相间的现象更为普遍，只有最近3年增长迅速且明显（2013～2015年）；与之不同的是，10年间，员工平均薪酬水平呈现出比较明显的稳步上升趋势，基本没有高低相间的现象，特别是在2011年后，增长幅度有所加大。这可能意味着公司比较注重在薪酬方面对员工的保障和激励，同时也可能意味着公司对高管团队有更为严格的业绩评价与激励机制，进而导致高管团队的薪酬水平在各年间有更为明

显的起伏和变化。10 年间高管员工薪酬差距基本呈现逐步扩大的趋势，不过如前所述，因为员工平均薪酬逐年稳步上升，而高管薪酬变化各年起伏明显，因此个别年份薪酬差距有所缩小，如 2012 年，不过随后差距又继续扩大，且更为猛烈。总体来说，在薪酬差距激励机制的设计上，中兴通讯可能执行了较为积极的政策，在保障员工薪酬水平逐步提高的同时，通过与其他员工薪酬之间的差距不断扩大实施了对高管层力度更大的激励。

（二）近年来高管员工长期股权和短期货币综合薪酬差距计算及分析

1. 股权激励计划及对薪酬差距的影响

1993 年，中兴通讯（准确地说中兴通讯的前身）曾经历了一次重要改制，由两家国有企业和一家由创始人侯为贵等 30 多名公司骨干出资组成的民营企业中兴维先通设备有限公司共同投资创建了深圳市中兴新通讯设备有限公司，在改制后的公司中，侯为贵等 30 多名骨干多年来既是股东又是高管，这也可以看作是公司最早的股权激励计划，只是范围明确且较为有限。自 2006 年起，中兴通讯开始推行较为正式的股权激励计划，旨在激励及馈赠员工。2006 年的计划中股票授予总数为 43182000 股，公允价值 297668000 元，激励人数 3435 名，涉及公司及附属公司员工，其中包括 21 名董事及高级管理人员（并未覆盖全部高管团队）。根据激励计划，股票对价的支付成本一部分为激励对象当年度的递延奖金，一部分为个人负担。另外，公司同时预留了 4798000 股票用于授予日后对公司有重要贡献的员工（包括高管）。激励计划中还约定，激励对象第一次、第二次和第三次申请标的股票解锁须以公司 2007 年、2008 年和 2009 年的加权平均净资产收益率（不低于 10%）为业绩考核条件，以保障该方式作为长期激励手段的实施。

表 9.3 列示了 2006 ~ 2015 年高管持股及变动情况。

表 9.3　　　　2006～2015 年高管持股情况

年度	期末高管持股数（股）	高管持股比上年变动率（%）
2015	5699091	29.44
2014	4402948	-9.19
2013	4848783	-19.19
2012	5999912	-20.12
2011	7511316	37.27
2010	5471928	30.04
2009	4208019	424.63
2008	802096	42.00
2007	564869	-2.75
2006	580844	——

资料来源：作者自制。

表 9.3 的数据显示，自 2006 年推行股权激励计划以来，总体而言，高管持股水平呈现增长趋势。2006～2015 年当年持股比上年增长表现占多数（5 次增长，4 次下降），这一周期中的峰值出现在 2011 年。整体上看，股权激励计划对高管的惠及情况较好。股权激励计划是公司重要的长期薪酬措施，计划指明旨在激励及馈赠员工，即面向范围广阔的员工群体，但鉴于高管群体对于公司的重要作用，可以推断考虑股权激励后，更广视角的实际高管员工薪酬差距会进一步扩大。

2. 关键管理人员薪酬占全部员工薪酬比例

从管理者角度，我们计算了关键管理人员薪酬占全部员工薪酬比例指标，该指标等于关键管理人员薪酬除以应付职工薪酬总额。指标中的关键管理人员薪酬计算时包含更多内容，不仅含有货币、实物还有其他形式（包括股份，但未包括应获得的设定受益计划的金额），从内容上看，可以较为全面地反映关键管理人员的薪酬水平，不过对关键管理人员的范围界定从财务报告上未能获得更多说明①，我们将其用于辅助计量高管员工薪酬差距。该指标水平越高，说明对关键管理人员的薪

① 不过，从薪酬水平上看较为接近公司财务报告中所披露的高管人员的薪酬水平。

酬激励程度越大，可能意味着管理者与员工间薪酬差距越大。2006～2015年关键管理人员薪酬占全部员工薪酬比重测算结果如表9.4所示。

表9.4　2006～2015年关键管理人员薪酬占全部员工薪酬比重　　单位：‰

年度	2015	2014	2013	2012	2011	2010	2009	2008	2007	2006	均值
关键管理人员薪酬占比	58.27	58.21	25.62	11.11	29.63	51.82	80.37	33.89	33.24	26.78	40.89

资料来源：作者自制。

表9.4的数据显示，总体上看，10年间，关键管理人员薪酬在全体员工薪酬中所占比重呈现先逐步升高，再下降，后再上升的趋势。峰值出现在2009年，之后的3年逐步走低，至2012年达到最低值万分之十一，然后又开始逐步回升，至2015年已回升至峰值前次高水平。该指标的两波上升走势可能说明了中兴通讯比较重视对关键管理人员乃至高管层的激励，也可能意味着其执行了较为积极的高管员工薪酬差距激励机制，即对两者间薪酬差距设定采取了不断扩大的措施。两波上升走势之间的回调有可能是管理者薪酬水平剧烈波动所致，如2012年出现了最低值，这与前述短期货币薪酬差距测算中高管团队薪酬水平及高管员工薪酬差距最低值也出现在2012年有所呼应。而在2009年出现了峰值，可能因为当年高管获得了较高的股权激励所致（见表9.3）。

二、中兴通讯创造性产出现状分析

中兴通讯重视创新，多年来创造性产出持续维持高水平，据世界知识产权组织公报显示，中兴通讯位居2015年全球企业专利申请第三，总数达2155件，这已经是该公司连续第六年进入全球企业专利申请数的前三甲。中兴通讯的创新领域广，几乎覆盖全部主要营业范围，从技术、产品到管理模式，创新形态和形式多样。以下我们从公司创造性产出的主要表现形式和创造性产出产生基础进行分析。

（一）创造性产出的主要表现形式

1. 专利

专利是中兴通讯创造性产出的主要表现形式之一，多年来公司将不断研发出的新产品、新技术及解决方案持续采用专利形式进行了保护。表9.5列示了2006~2015年间公司专利获得情况。

表9.5　　2006~2015年公司专利申请情况　　单位：件

年度	发明专利	实用新型	外观
2015	4436	140	112
2014	3462	133	127
2013	2368	112	90
2012	4637	176	82
2011	6828	241	135
2010	8670	266	120
2009	9531	243	299
2008	7579	271	53
2007	8341	283	31
2006	4087	198	41
总计	59939	2063	1090
均值	5994	206	109

资料来源：作者自制。

表9.5的数据表明，10年间中兴通讯发明专利申请约6万件，实用新型专利和外观专利申请分别超过2000件和1000件，年均近6000件的发明专利申请数量显示了中兴通讯强大的创新能力。

2. 科技创新获奖

企业取得的新产品、新技术和新工艺等创造性产出的新颖程度一定程度上可以通过其所获创新奖项得到印证。多年来，中兴通讯不断获得诸如国家科技进步奖等国内技术创新领域的大奖，表9.6列示了2006~2015年间公司获得的重要技术创新获奖情况。

表 9.6　　2006～2015 年公司技术创新获奖情况

年度	奖项名称	数量	颁奖单位
2015	国家科学技术进步奖	1	国务院
2014	国家科学技术进步奖	1	国务院
2013	国家科技发明奖	1	国务院
2012	国家科学技术进步奖、国家科技发明奖	3	国务院
2011	中国通信学会科学技术奖	4	中国通信学会
2010	国家科技进步奖、国家技术发明奖	5	国务院
2009	国家科技进步奖	3	国务院
2008	国家科技进步奖	1	国务院
2007	国家科技进步奖	1	国务院
2006	“中国创新设计红星奖	5	中国工业设计协会

资料来源：作者自制。

表 9.6 数据表明，中兴通讯历年来的创新获奖含金量很高，多年来连续并屡次获得国家科技进步奖、国家科技发明奖等中国最高级别创新奖项，显示了中兴通讯强大的创新能力和高产的创造性绩效。

3. 国际标准编辑及起草权席位

对某项国际标准具有编辑及起草权能一定程度上反映出公司在该项行业标准上具有领先地位，利于加强在相关产品和技术领域的技术和专利优势，在相关技术上可能具有较高创新能力。随着对相关产品和技术的创新能力的不断加强，中兴通讯对相关国际标准编辑及起草权的席位数不断增加。表 9.7 列示了近年来国际标准编辑及起草席位数及向国际标准化累计投稿情况。

表 9.7　　近年来公司国际标准编辑及起草席位数及向国际标准化累计投稿数情况

年度	向国际标准化提交文稿篇累计数	国际标准编辑者和起草权席位数
2015	32000	250
2014	28000	200
2013	25000	180
2012	22000	180

资料来源：作者自制。

从表 9.7 中可以看出，近年来中兴通讯在国际标准化方面的话语权正逐步加强，向国际标准化提交文稿篇数和国际标准编辑者和起草权席位数逐年提高，这说明中兴通讯在国际行业标准的建立和推行上所显示的创新能力和创造性产出水平都逐年提高。

（二）创造性产出产生基础

良好有效的薪酬激励为创造性产出的产生提供了强大动力，同时，直接指向创新的高投入也保障了创造性产出的最终形成。在这方面，不论是资金还是人力，中兴通讯所做的投入都是可观的。公司研发资金的投入与销售收入比多年来都持续保持在 10% 左右，近五年的研发投入已超过 400 亿元；研发人员的规模也一直保持稳定；至 2015 年，公司已在中国、美国、瑞典、法国、日本及加拿大等地设立了 20 个研发中心，还与领先运营商一起协作设立了 10 余个联合创新中心。此外，在产学研科技创新体系下，还设立有中兴通讯产学研合作论坛，至 2015 年，论坛成员单位已达 30 余家，与国内通信领域顶尖高校和研究机构共建了联合创新中心和联合实验室，共同承担国家重大专项、发改委产业化专项等课题。表 9.8 列示了 2006～2015 年公司研发费用及研发人员投入规模情况。

表 9.8　　2006～2015 年研发费用、研发人员投入情况

年度	研发费用（百万元）	研发费用比上年增长率（%）	研发人员（人）	研发人员占员工比例（%）
2015	12200.5	35.4	31703	37.5
2014	9008.5	22.0	27101	35.9
2013	7383.9	(16.4)	25874	37.5
2012	8829.2	4.0	29764	38
2011	8492.6	19.7	30187	33.6
2010	7092	22.7	27941	32.8
2009	5781.5	44.8	23544	33.5
2008	3994.1	24.4	20750	33.8
2007	3210.4	13.3	16940	35.1

续表

年度	研发费用（百万元）	研发费用比上年增长率（%）	研发人员（人）	研发人员占员工比例（%）
2006	2832.7	44.6	13600	34.6
总计	68825.4	—	—	—
均值	6882.5	21.5	24740	35.2

资料来源：作者自制。

表9.8显示，2006～2015年的10年间，中兴通讯累计研发上投入近700亿元，年均约69亿元，年均增长率为22%，研发人员占全体员工比例平均为35%，这一数据大大高于国家对信息产业研发员工占比的要求，这些数据显示了中兴通讯所具有的高水平创造性产出背后所具有的强大基础和支持力度。

三、薪酬差距激励机制与创造性产出间的可能关联

第七章里我们使用制造业公司数据验证了高管员工薪酬差距与创造性产出间呈现显著的正相关关系，支持了锦标赛理论。以下我们将在前述对中兴通讯10年间高管员工薪酬差距以及创造性产出状况分析的基础上，尝试分析和解释薪酬差距激励制度与创造性产出间存在的可能关联。

高管员工薪酬差距我们分别使用相对薪酬差距、绝对薪酬差距、关键管理人员薪酬占全部员工薪酬比例以及高管持股变动率进行计量。在创造性产出的计量上，基于对中兴通讯创造性产出多种形式的分析，我们推断，公司可能对专利形式有所偏好，多年来公司将不断研发出的新产品、新技术及解决方案持续采用专利形式进行了保护（实际上，中兴通讯所处的行业的专利在各行业中也是首屈一指的），而且获取的关于专利的信息相对完整，因此我们选定主要以专利申请数量计量该公司创造性产出水平，分析高管员工薪酬差距与创造性产出之间的可能关联。

（一）高管员工薪酬差距与当期创造性产出之间的可能关联

1. 短期货币薪酬差距与当期创造性产出之间的可能关联

为了获得更好的数据拟合效果，我们对相对和绝对薪酬差距和当期发明专利申请数分别取了对数，之后将2006～2015年10年间两个变量相关数据及趋势进行了描述，如图9.1、图9.2、图9.3和图9.4所示。

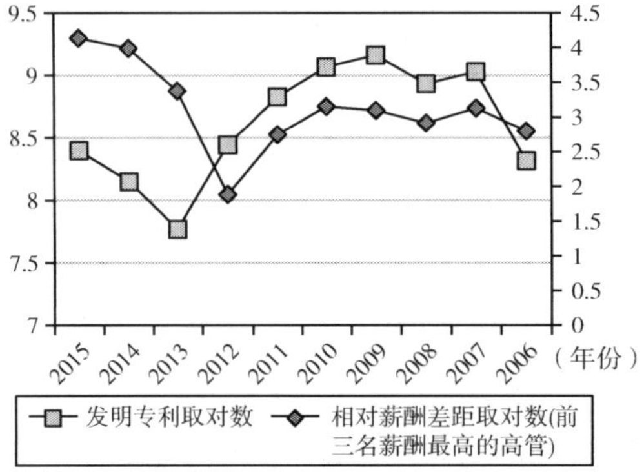

图9.1　2006～2015年高管员工相对薪酬差距与当期发明专利走势折线图（前三名薪酬最高的高管）

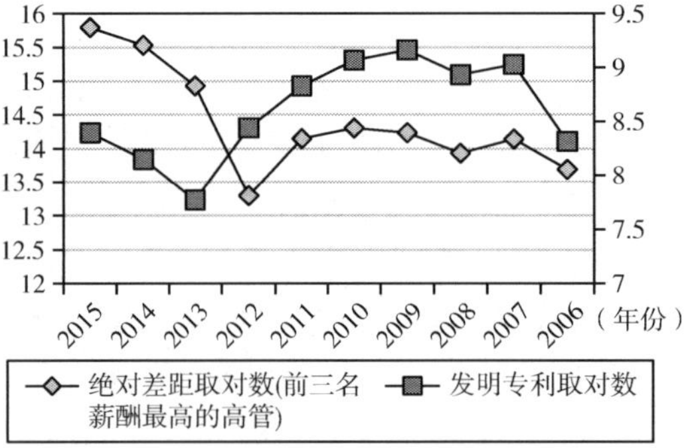

图9.2　2006～2015年高管员工绝对薪酬差距与当期发明专利走势折线图（前三名薪酬最高的高管）

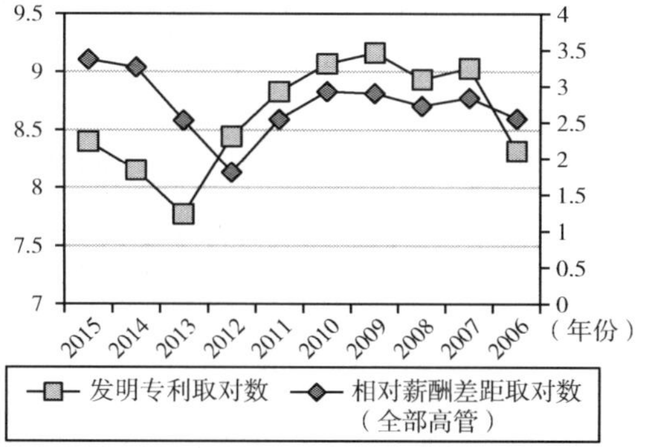

图 9.3　2006～2015 年高管员工相对薪酬差距与当期发明专利走势折线图（全部高管）

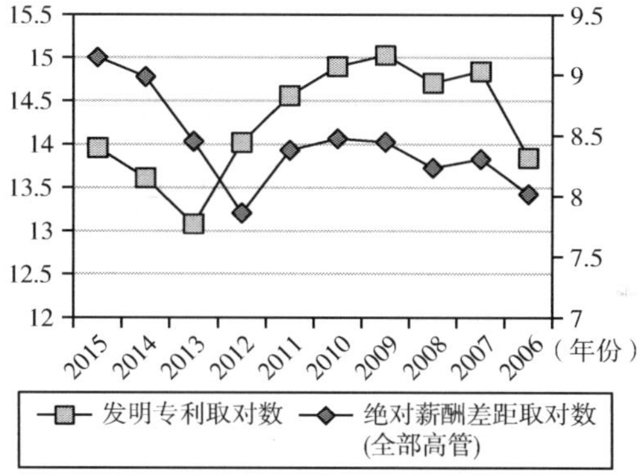

图 9.4　2006～2015 年高管员工绝对薪酬差距与当期发明专利走势折线图（全部高管）

从图 9.1 和图 9.3 看，高管员工相对薪酬差距与当期创造性产出间的走势均呈现出先低后高再小幅上下波动后再向下的现象，趋势较为一致；图 9.2 和图 9.4 也呈现出了上述现象和趋势，即，从数据拟合的图形上看，两个变量间的走势呈现出了较为一致的步调，表明一定程度上高管员工的短期货币薪酬差距与企业创造性产出间可能存在某种正向相互作用的可能。

2. 长期股权激励和短期货币激励综合薪酬差距与当期创造性产出之间的可能关联

我们将2006年至2015年10年间高管持股变动情况、关键管理人员薪酬占全部员工薪酬比例与当期发明申请的相关数据及趋势进行了描述，如图9.5和图9.6所示。

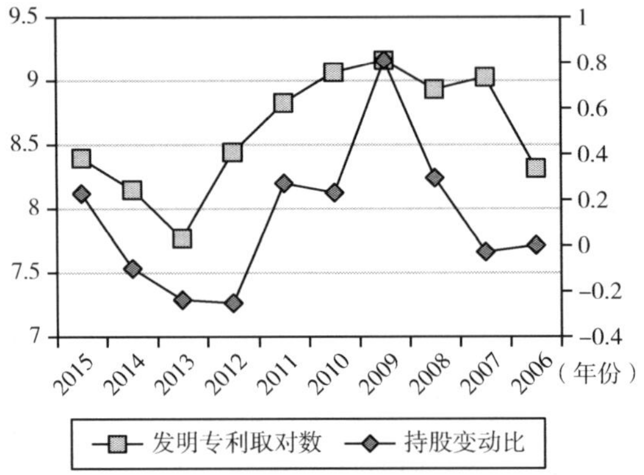

图9.5　2006～2015年高管持股变动率与当期发明专利走势折线图

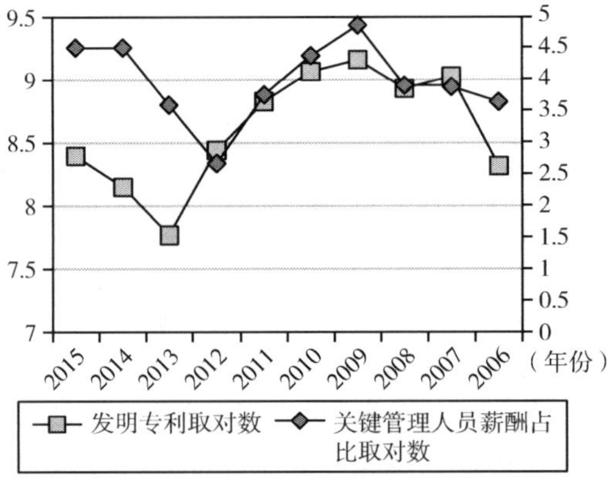

图9.6　2006～2015年关键管理人员薪酬与当期发明专利走势折线图

从图9.5看，高管持股变动率与当期发明专利申请数的变动趋势大体一致，呈现先下降再上升再下降的趋势，表明一定程度上在高管的长期薪酬激励与当期创造性产出之间可能存在正向相互促进的可能，那么，在员工持股较小或一定的情况下，高管员工间的薪酬差距将随着高管持股变动率而增减，进而可以推测，高管员工薪酬差距与当期创造性产出之间可能存在某种正向相互作用的可能。

图 9.6 显示，关键管理人员占全部员工薪酬比例与当期发明专利申请数的走势均呈现出先低后高再波动向下的现象，趋势较为一致，即，从数据拟合的图形上看，两个变量间的走势呈现较为一致的步调，表明一定程度上高管员工的长、短期综合薪酬差距与企业创造性产出间可能存在某种正向的相互作用的可能。

（二）高管员工薪酬差距与未来创造性产出之间的可能关联

激励机制对绩效的作用可能有一定的延迟效应或延续性，我们进一步考察高管员工薪酬差距与未来创造性产出之间的可能关联，将当期薪酬差距与下一期创造性产出水平的走势进行配对分析。

1. 短期货币薪酬差距与未来创造性产出之间的可能关联

我们将 2006～2014 年 9 年间高管员工薪酬差距与 2007～2015 年 9 年间创造性产出两个变量相关数据及趋势进行了描述，如图 9.7、图 9.8、图 9.9 和图 9.10 所示。

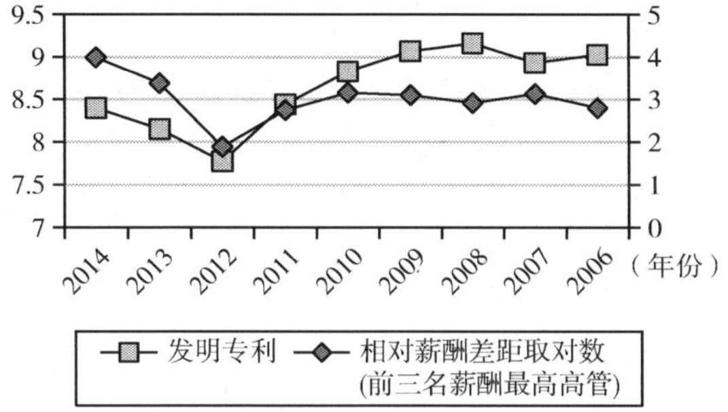

图 9.7　2006～2014 年高管员工相对薪酬差距与滞后一期发明专利走势折线图（前三名薪酬最高的高管）

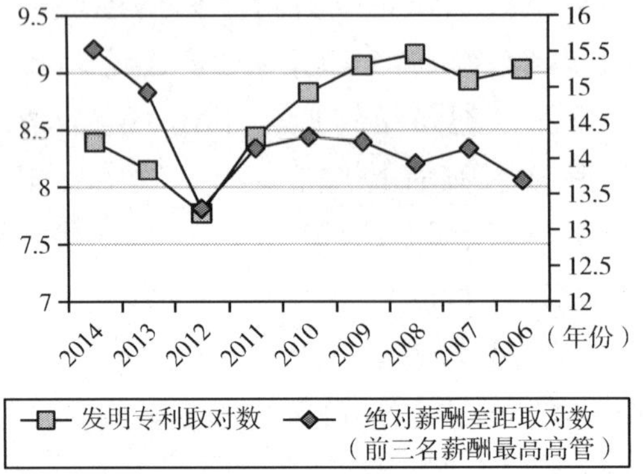

图 9.8　2006～2014 年高管员工绝对薪酬差距与滞后一期发明专利走势折线图（前三名薪酬最高的高管）

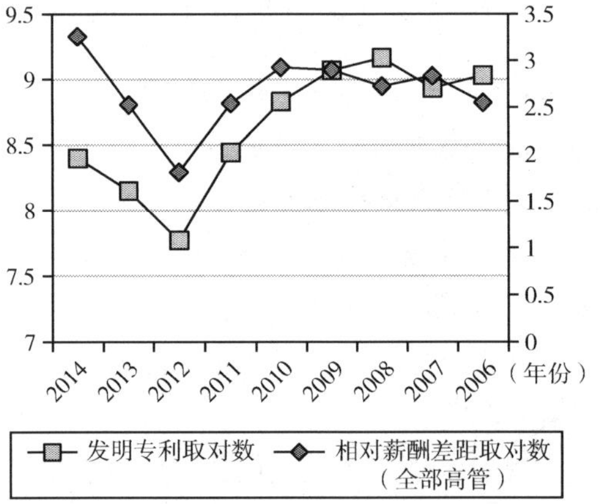

图 9.9　2006～2014 年高管员工相对薪酬差距与滞后一期发明专利走势折线图（全部高管）

从图 9.7 和图 9.9 看，高管员工相对薪酬差距与滞后一期创造性产出间的走势均呈现出先低后高再小幅上下波动的现象，趋势基本一致；图 9.8 和图 9.10 也呈现上述现象和趋势，即，从数据拟合的图形上看，两个变量间的走势呈现较为一致的步调，表明一定程度上高管员工的短期货币薪酬差距与企业未来创造性产出间可能存在正向相互作用的可能。

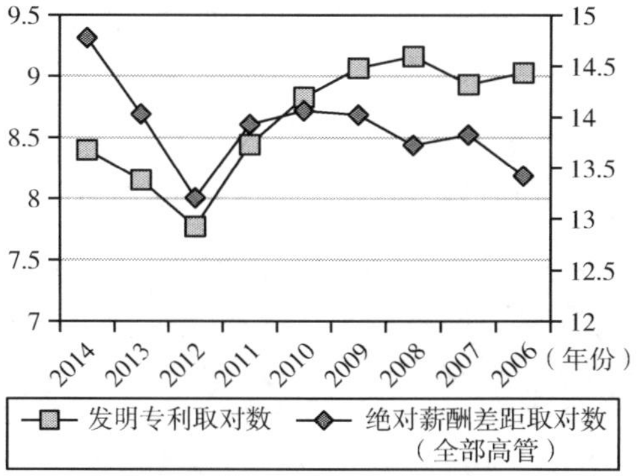

图 9.10　2006～2014 年高管员工绝对薪酬差距与滞后一期发明专利走势折线图（全部高管）

2. 长期股权激励和短期货币激励综合薪酬差距与当期创造性产出之间的可能关联

我们将 2006～2014 年 9 年间高管持股变动情况、关键管理人员薪酬占全部员工薪酬比例与滞后一期发明申请的相关数据及趋势进行了描述，如图 9.11 和图 9.12 所示。

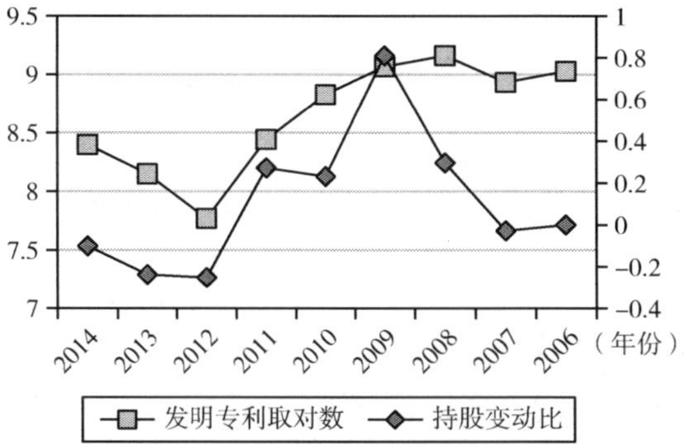

图 9.11　2006～2014 年高管持股变动率与滞后一期发明专利走势折线图

从图 9.11 看，高管持股变动率与滞后一期发明专利申请数的变动趋势相似度较高，持股变动率的趋势波动更大，表明一定程度上在高管的长期薪酬激励与未来创造性产出之间可能存在正向相互促进的

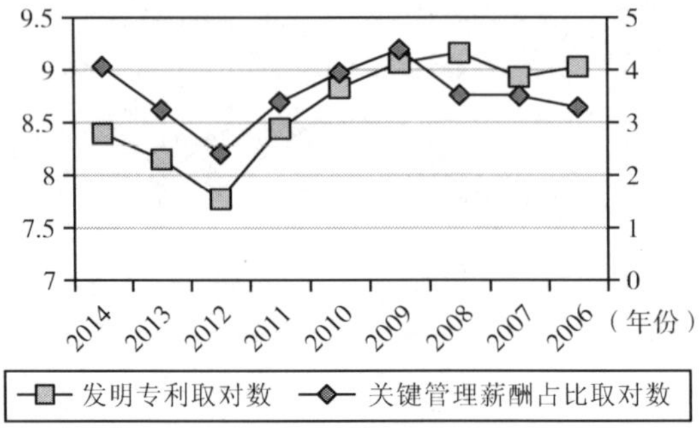

图 9.12　2006～2014 年关键管理人员薪酬与滞后一期发明专利走势折线图

可能，那么，在员工持股较小或一定的情况下，高管员工间的薪酬差距将随着高管持股变动率而增减，进而可以推测，高管员工薪酬差距与未来创造性产出之间可能存在正向相互作用的可能。

图 9.12 显示，关键管理人员占全部员工薪酬比例与滞后一期发明专利申请数的走势均呈现出先低后高再小幅波动的现象，趋势较为一致，即，从数据拟合的图形上看，两个变量间的走势呈现较为一致的步调，表明一定程度上高管员工的长、短期综合薪酬差距与企业未来创造性产出间可能存在正向相互作用的可能。

四、董事长领导行为对薪酬差距激励创造性产出的可能影响

薪酬差距是一种激励机制，作为中国上市公司中最具权力和影响力的领导，董事长可能会在这种激励目标设定、贯彻和推行中发挥作用。董事长影响力或领导力的大小，可能与其技术专长以及是否具备与组织运营相关的知识和信息及信息多寡有关（Conger and Kanungo，1988；Zald，1969），还可能与其个人魅力或处理人际关系的能力有关（库泽斯和波斯纳，2004）。董事长的个人特质在一定程度上能反映其拥有的与组织运营相关的知识和信息量的多寡以及人际关系处理能力，反映出其领导力度和领导行为特征。以下我们聚焦中兴通讯董

事长的个人特征因素，选择了其在位时间、年龄、学历程度、技术背景及兼职情形五项重要特征，对其领导行为进行理论分析，并推测这些特征在调节薪酬差距与创造性产出关系时可能具有的作用和倾向。有别于第八章大样本研究中，将董事长的年龄、在位时间、学历和兼职特征四个变量分别与薪酬差距及创造性产出设立独立模型进行研究，在此处的案例分析中，我们将中兴通讯董事长的在位时间、年龄、学历程度、技术背景及兼职情形五个方面特征所反映的领导行为综合在一起进行分析，探讨董事长领导行为对薪酬差距与创造性产出关系的可能影响，这样也可能更符合和适应单案例研究特点。

（一）中兴通讯控股股东及董事长背景

中兴通讯的前身是深圳中兴半导体有限责任公司，是 1985 年由时任航天 691 厂技术科长的侯为贵组织创立的，当时的股东包括 691 厂等国有企业及运兴香港电子企业，性质上是一家中外合资企业；1993 年，公司实施了重要的一次改制，由国有企业 691 厂、深圳广宇工业（集团）公司与一家由侯为贵等 30 多名自然人组成的民营企业中兴维先通设备有限公司（由侯为贵等骨干管理者自行出资共同持股于 1992 年设立，以下简称“维先通”）共同投资创建了深圳市中兴新通讯设备有限公司（以下简称“中兴新”），两家国有企业控股 51%，民营企业“维先通”占股份 49%，由“维先通”承担经营责任，在国内首创了“国有控股，授权民营经营”的“混合经济”模式，明确公司人、财、物的经营权全部归经营者，经营者须保证国有资产按一定比例增值；若经营不善，经营者须以所持股本和分配权益抵押补偿；若超额完成指标，则获奖励。1997 年中兴通讯向社会公开发行股票在深圳证券交易所上市，成为公众公司，2004 年又在香港联交所上市。

中兴通讯自创立开始，尽管是国有控股（董事长是 691 厂委派），但企业由经营管理者主导，不向国家要钱，因此，作为主要创始人的总裁侯为贵一直是公司的实际领导者，直到 2004 年侯为贵正式成为中兴通讯董事长，“当时不止一人说‘没有他就没有中兴，他的成功就是中兴的成功'"①。可以说侯为贵于中兴通讯是位教父级的人物，他1941年出生，44岁创立中兴，带领中兴从做玩具、风扇、电子琴起家积攒启动资金，创业第2年起就设立深圳研究所，开始自主研发，走上创新之路。他执掌中兴30年，75岁功成身退时，已带领中兴成为国内首屈一指并跻身国际通讯设备行业的知名企业。过去的30年中，名义上侯为贵只在2004~2016年做了12年中兴的董事长，其他时间一直担任公司总经理，但实际上他一直是中兴最重要的领导者。管理职位和名称于他更多的可能是因中兴在创立、重组、上市演变等过程中实际领导人的名称变化需要而定，“国有控股，授权经营”的模式使早期中兴的实际领导者应该是以总经理为首的领导团队而非以董事长为首的董事会。1997年和2004年中兴在内地和香港两地上市后，组织形式、管理制度及公司治理受到更多监管要求，以董事长为首的董事会位置更为重要，应该主要是基于这种变化，侯为贵正式由总经理成为董事长，由于他之于中兴是创始人、中兴通讯控股股东“维先通”的董事长、长期以来企业的实际领导者乃至企业文化和精神的推动形成者，因此他当选中兴董事长应该也是顺理成章和众望所归之举。

（二）董事长个人特征及领导行为分析

侯为贵领军中兴30年，个人生活十分低调和朴素，他极少面对媒体，即使公司内部刊物也不轻易刊登他的照片②，认为“一个企业的主要负责人要把自己的角色摆好，不能过分宣传个人”③。外界所知的侯为贵的基本信息主要是，他1941年出生，西安航天691厂早先是个中专，侯为贵毕业分配进来做了教师，“文化大革命”期间学校停课转变为企业，应当时航天部副部长钱学森要求学校转做半导体（IC），这样侯为贵由教师变为了技术员，后来一直干到技术科长。

① 侯为贵．要随时看到中兴的阴暗面．21世纪商业评论［J］，2005（5）：1.

② 侯为贵．要随时看到中兴的阴暗面．21世纪商业评论［J］，2005（5）：1.

③ 中兴通讯．以诚信回报投资人——中央电视台《经济半小时》栏目记者专访中兴通讯总裁侯为贵．中兴通讯技术［J］，2001（12）：5.

1985 年，他南下深圳主导几家国有企业创办深圳半导体有限公司，奠基中兴，1992 年，他与企业的三十几名骨干一起设立民营企业“维先通”，次年与两家国企合资成立“中兴新”，为中兴实施了重要转制。侯为贵“爱好不多，只是在繁忙的工作之余偶尔游泳，对个人财富的增加也不在意，长期开的是一辆捷达”①。

侯为贵 1941 年出生，算是较为年长的领导者。1985 年他创立中兴半导体有限公司时已经44 岁，此后30 年一直领军中兴，直到2016 年75 岁卸任董事长，在位时间很长。他是中兴的创始人、领导者和决策者，非常熟悉和了解中兴通讯的多个方面和层次，虽年事渐高，但他常年巡查国内外的一线业务。多年的管理中作风一贯低调稳健，尽管中兴已经称雄国内电信市场，国际业务也做得风生水起，但侯为贵似乎还是保持着相当的稳健和谨慎。他支持创办了专门揭露中兴内部阴暗面的《中兴内参》，每期都在上面写批注，“希望每个员工多看到中兴的阴暗面，看到未来的不确定性”②。但在关键点上侯为贵敢于并善于决策，“在形势极具不确定性的情况下，他常常扮演着唯一的坚持者和支持者的角色，使得中兴几乎踩准了每一个市场热点”，如 1998 年他曾顶着内部多重压力实施 CDMA 项目，再如，为取得更大的管理效益，坚持采用事业部制。中年创业，古稀之年带领着一家高科技公司在全球征战，侯为贵有着坚韧的毅力，也有着超人的政治智慧。他出身国企，中兴创立时缺少资金，他曾向上级单位陕西国防科工委借款200 万美元，事后侯为贵一直规范操作，在后来美元升值时也主动按照高汇率还款，甚至连贷方也感到吃惊，相比之下，当时的历史情形下，有些单位同样情况下甚至都未还款。他的类似举动应该与中兴长期以来有着较为良好的政企关系相关。在中兴开拓国际市场中，侯为贵也善于利用国家外交活动，他总是能较为敏锐地捕捉到新的国际市场空间，在与中国有着良好邦交的国家，中兴利用这种政治优势和好感使业务拓展顺利，也有效降低了成本，如传统的非洲市场，以及近年来的南亚和东南亚市场。

---

① 侯为贵. 要随时看到中兴的阴暗面. 21 世纪商业评论 [J], 2005 (5): 1.

② 侯为贵. 要随时看到中兴的阴暗面. 21 世纪商业评论 [J], 2005 (5): 1.

侯为贵大学学历，从现在的标准看似乎并不高，但从其年龄所处时代看应该属于较高学历，而且在繁忙的工作之余还一直坚持学习，他的老同事回忆评价他时曾说他“现在的学识远比一般的博士后出色”，2001 年在公司库存压力大时，他经常拿着有关库存的书籍研读，另外，他还读《新华社内参》、管理咨询公司的管理快讯，更擅长泡在客户那里向对方学习，还鼓励所有的中兴人像他那样学习。高效的学习能力和效果使这位年事颇高的领导者在与当下竞争激烈的少壮企业领导者相比时丝毫不落下风。侯为贵是历来重视技术的航天系半导体技术员出身，而且他和他的创业团队在深圳初期的打拼中形成了很强的市场意识，这在帮助其设计公司发展规划和业务时可能会产生重要影响，技术背景与市场意识的结合可能促使他和他的团队坚定地引领中兴走自主创新之路。在 2008 年接受 21 世纪经济报道采访时曾谈及：“在公司发展上，我们很早就和国家邮电部下面的一些单位合作研制电话机和通讯产品”，“半导体是一个高技术，通信产品和集成电路关系比较大，这样帮助我们对电话机和通讯产业有更好的理解”①。

另外，根据中兴通讯年度报告披露，侯为贵在任职期间有为数不少的兼职，不过其兼职主要都是在与中兴通讯相关的领域且是股东单位或子公司这样的关联单位。这样的兼职可能对其精力的分散和公司经营的负面作用是有限的，反而可能会有助于加强中兴以及其关联单位的关系，巩固或扩大侯为贵的领导力。

作为中兴毋庸置疑的核心领导者，侯为贵年长、在位时间长、学历较高、有技术背景，另外在关联企业长期兼职，这些外在特征可能表征着他是一位稳健有力、经验丰富、睿智决断、对行业发展和技术创新有真知灼见，并且对企业及相关关联企业有实际掌控力的领导，领导行为非常成熟。那么，他的领导行为对中兴通讯的高管员工差距与创造性产出之间的关系可能存在影响吗？如果有，又可能是什么样的影响呢？

2004 年他从总裁位置卸任后担当董事长时，曾这样评价自己的

---

① 侯为贵．一个老派知识分子的三十年转型与穿越．21 世纪经济报道［N］，2008 - 12 - 30 第 047 版南方启示录．

总裁生涯："我留给中兴最有价值的并不是账面上的财富，而是经过多年沉淀并得到全体员工认可的一种企业文化"①。这段自我评价反映出侯为贵对中兴通讯充满了责任感，他已经试图从精神文化层面对中兴通讯的员工进行影响，并且可能也认为自己已经一定程度上做到了。从上述对侯为贵的分析可知，实际上，侯为贵对中兴通讯的影响是巨大的、长期而且深远的，并且是全方位的，那么可以推测，类似高管员工薪酬差距这样的激励目标设定、激励机制实施执行、企业研发投入多少、创造性产出水平高低、如何激励应该是在他的影响甚至决策视野里。他对高管员工薪酬差距的竞争性和公平性可能如何看待和影响呢？基于以下的分析和从侯为贵接受相关访谈中呈现的部分证据，我们推测，他在薪酬差距竞争性和公平性兼顾上可能会比较平衡：

其一，他是个明确反对官僚作风的领导者，长期以来自己经常亲身巡查一线业务单位，加之具有技术背景，对企业状况、激励对象、竞争氛围、员工创造性工作的心理及关于薪酬差距的态度等方面应该比较熟悉和了解，所以他在薪酬差距目标设定、激励机制执行方面会更具权威、经验和能力，而且他在位时间长，与企业各方关系较为密切，组织威望高，进而在业绩评价结果反馈及沟通解释业绩与薪酬关系等方面与高管、员工等各方沟通的效率和效果可能会更高，从而给激励机制的有效执行提供较高的保障。

其二，他出身崇尚技术的航天系，创业时在改革开放的前沿阵地深圳又培养起了较强的市场意识，重视技术和市场的平衡，重视管理，他在接受访谈时曾谈到过20世纪80年代初次出访美国的见闻感受，印象最深的就是美国人做企业重视成本管理："我们做的集成电路广角电镀，镀金都很厚，几个微米，美国人就说，你这样是不对的，你这个钱往地下乱撒，不需要做这么厚的金同样能保证质量——这个给我印象确实比较深，人家的企业是从成本管理的角度出发，我们国内当时对成本的概念是很淡薄的。"② 另外他曾经在谈及中外同

① 侯为贵．要随时看到中兴的阴暗面．21世纪商业评论［J］，2005（5）：1.

② 侯为贵．一个老派知识分子的三十年转型与穿越．21世纪经济报道［N］，2008－12－30.

行竞争态势时指出，技术成本优势很重要："国外厂商成本太高，像北电过去有段时间很红火，但最近一直在破产边缘，包括美国的朗讯与阿尔卡特合并，摩托罗拉也在急剧下降……技术成本过高也是一个核心问题。"他指出："现在的技术流程变化越来越快，国外厂商在体制上肯定有一些传统的东西不符合现代技术的快速发展。在这个过程中，技术人力成本优势在竞争中起到关键性作用，成本控制很重要，这个行业竞争是多角度的，技术上要先跟得上，这个行业发展特别快，要尽可能利用中国技术成本的优势走快一点，这样在行业的每次革命和重新洗牌时，国内企业的机会会更多"①。可以看出，侯为贵对技术人力成本关注很多，他觉得成本提高是趋势，但现阶段国内成本水平还是不高，竞争有优势，应该充分利用。那么可以推测，他可能应该从趋势出发会赞同提高员工薪酬水平（从表 9.1 和表 9.3 中反映的 2006 ~2015 年 10 年间员工平均薪酬逐年上升的趋势上可以部分印证），这会降低高管员工薪酬差距，但也会遵循和利用目前国内同行业人员技术成本不高的现实条件，节约成本提高企业综合竞争力，这样的思路可能会使公司的员工薪酬水平逐步提高，但现阶段高管员工薪酬差距可能还是会表现出扩大的趋势，因为毕竟高管人数少，激励力度更大。侯为贵在另一次视频访谈时曾谈及国际市场开拓时对外派员工薪酬福利的保障②，指出在印度、印度尼西亚等经济发展相对落后的市场上，尽量周到地保障员工权益和薪酬福利，如住房等设施都安排当地最好的。可以看出，侯为贵应该非常重视对员工的保障。归纳来看，在高管员工薪酬差距设定时，侯为贵的态度应该会在保障薪酬公平的同时重视薪酬差距的竞争性，以保持激励强度。

领导者注重薪酬差距竞争性和公平性设计，并兼顾两者平衡，这会使薪酬差距激励机制的执行得以保障，进而促进创造性产出水平的提升，即侯为贵的领导行为可能会在中兴通讯的高管员工薪酬差距激励创造性产出水平中起到正向调节作用。

---

① 侯为贵．一个老派知识分子的三十年转型与穿越．21 世纪经济报道［N］，2008 - 12 - 30.

② 《对话全球契约》侯为贵 http：//finance. qq. com/a/20160108/011412. htm.

五、研究结论

从对中兴通讯 2006 ~ 2015 年的 10 年间高管员工薪酬差距和创造性产出水平的基本数据所做分析中，我们认为其高管员工薪酬差距对其创造性产出可能起到了正向的促进作用；从对执掌中兴长达 30 年的核心领导者侯为贵的领导风格和行为的分析来看，我们认为技术出身的、较年长的、学历较高并在多处相关单位兼职的在位时间长的董事长所展现领导行为可能会在高管员工薪酬差距设定和执行时兼顾公平和竞争性，进而在薪酬差距激励创造性产出时可能起到了正向的促进作用。

对信息产业龙头企业中兴通讯所做的案例分析结果与第七章、第八章所做的基于制造业的大样本分析结论并不相悖。

第十章 结　论

本章为本书的结论部分，共分两节。第一节归纳本书的理论和实证结论，并在此基础上提出相应的政策建议；第二节分析本书的研究局限，并指出未来可能的研究方向。

第一节 研究结论与政策建议

一、研究结论

在锦标赛理论和公平理论基础上，本书整合以往研究思路，同时关注高管员工薪酬差距所具有的竞争性和公平性双重属性对于创造性产出具有的不同激励效应，之后，结合中国制度背景，分析了最为重要的企业领导人——董事长的个人特征反映的领导行为调节薪酬差距竞争性和公平性的倾向和力度，以中国制造业和信息产业上市公司数据实证检验董事长特征在薪酬差距与创造性产出关系中的调节作用。现将本书的结论归纳如下：

（1）理论分析表明，作为一种重要的外部激励措施（外在动机），薪酬对员工创造性具有一定影响，而作为同时针对不同群体的激励机制，高管员工薪酬差距设定是实现促进创造性产出组织目标的重要环节。薪酬差距的合理设定需兼顾竞争性和公平性，薪酬差距的公平性是激发雇员创造性活动的前提条件，竞争性则为发动雇员的创造性活动提供动力支持。竞争性和公平性任一属性缺失都可能会导致薪酬差距对创造性产出的激励障碍发生，侧重薪酬差距公平性，雇员实施创造性活动的动力往往不足，而侧重竞争性，则可能会降低雇员的组织承诺，甚至背离组织目标。因此，薪酬差距设定需合理兼顾竞争性和公平性，以促进创造性产出的组织目标实现。作为重要的组织情境因素，领导行为能影响薪酬差距竞争性和公平性特征，进而调节薪酬差距的激励效果和效率。作为中国上市公司中最重要的领导，董事长的个人特征使其在影响薪酬差距竞争性和公平性时表现出差异性，进而会在薪酬差距与创造性产出的关系上表现出不同的调节作用。

（2）实证结果表明，在其他条件不变的情形下，总体上，高管员工薪酬差距与创造性产出间呈现显著正相关关系，薪酬差距越大，创造性产出越高。这表明，相比已获更多关注的来自雇员自身的内部工作动机而言，薪酬作为外部激励因素，可能会对雇员创造性活动产生一定的激发作用，高管员工间的薪酬差距能同时激励不同群体的创造性活动，使企业创造性产出得到提升。并且，薪酬差距对创造性产出的激励还具有一定的延续性，除了能影响当期创造性产出外，对后续期间的创造性产出也有促进作用。基于大样本公司数据和单案例公司数据所获得的实证结果基本一致。

（3）实证结果表明，董事长特征对高管员工薪酬差距与创造性产出关系具有一定调节作用。具体而言，董事长在位时间越长越有助于形成竞争性和公平性兼顾的高管员工薪酬差距，并能促进高管员工薪酬差距与创造性产出的关系；年长的董事长比年轻的董事长更有助于形成竞争性和公平性兼顾的高管员工薪酬差距，并能促进高管员工薪酬差距与创造性产出的关系；董事长学历越高越倾向于形成公平性强但竞争性弱的薪酬差距，会削弱高管员工薪酬差距与创造性产出的关系；董事长兼职不利于形成和贯彻兼具竞争和公平的薪酬差距，会削弱高管员工薪酬差距与创造性产出的关系。这表明，董事长领导行为是影响高管员工薪酬差距激励创造性产出的重要调节变量，董事长特征所反映的不同行为可能会增强或减弱薪酬差距对创造性产出的激励效应。基于大样本公司数据和单案例公司数据所获得的实证结果并不相悖。

二、政策建议

本书的理论分析和实证检验结果可能可以形成以下几点政策建议：

（1）高管员工薪酬差距是企业内部同时针对高管和员工两大群体的激励措施，为贯彻创造性产出组织目标并推进目标的实现，薪酬差距的制定应同时兼顾竞争性和公平性，不可偏废。现阶段，在全社会范围内，对包括高管员工薪酬差距在内的收入分配公平问题讨论热烈，要求缩小收入分配差距的呼声日益高涨，这一定程度上表明，总体来看，现存的薪酬差距竞争性和公平性可能并没有被合理兼顾，竞争性强而公平性弱，而这在企业内部可能也已经引起了雇员的消极情绪，在此情形下，企业可能有必要对自身现存的高管员工业绩评价和激励机制重新进行审视，并进一步评估高管员工薪酬差距的竞争性和公平性是否平衡，在修订薪酬差距目标时，还需注意不要矫枉过正，太过侧重公平考虑，因为总体看来，薪酬差距与创造性产出呈现正相关关系，太小的薪酬差距不利于激励创造性产出提升。

（2）创造性产出是组织创新的基础。高管员工间的薪酬差距对雇员的创造性活动具有激励作用，企业确定高管员工薪酬差距目标水平时若能对竞争性和公平性得以兼顾，将可能有助于推动组织创新。

（3）董事长特征对高管员工薪酬差距与创造性产出关系具有不同调节作用。目前中国的企业家普遍任期短暂[①]，从建设有效的业绩评价系统、确定竞争性和公平性兼顾的薪酬差距目标角度看，在位时间长和年长的董事长的领导行为往往更有益，故而，稳定并延长董事长任职时间可能有助于改善薪酬差距对创造性产出的激励效果。

第二节 研究局限性及未来研究方向

一、研究局限性

受笔者个人能力、学术水平、研究时间和精力等多方面的限制，本书还存在一些局限和不足。主要体现在以下几方面：

（1）目前会计学领域中，探讨薪酬差距激励效应的研究主要集中于企业总产出，特别是以财务绩效衡量为主。本书探讨的创造性产出是企业总产出的一部分，主要涉及的是雇员的产生。目前针对创造性产出激励的研究成果主要集中于心理学和组织行为学领域，采用的研究方法也主要以心理量表、问卷调查和实地试验为主，会计学领域

① 杨蕙馨，王胡峰．国有企业高层管理人员激励与企业绩效实证研究．南开经济研究，2006，(4)．

采用大样本对创造性产出的研究还很鲜见。由于通常来看，薪酬差距激励产出的路径是先对人员绩效发生作用继而再传递到企业全部绩效上，因此，本书萌发了选择创造性产出作为结果变量、试图更为直接地考察薪酬差距对创造性产出激励效应的研究动机。但限于目前可资借鉴的、以大样本计量创造性产出方面的研究非常有限，本书尝试构建的创造性产出综合得分还只具有一定程度的试验性质。

（2）本书中创造性产出得分是在企业对创造性产出形式所做的自主描述基础上获取信息构建而成的，但目前企业的创造性产出数据仍是自愿披露信息，信息披露具有一定的主观性，而且信息相对分散、披露口径差异较大。虽然为保证较高的数据客观和准确程度，本书对数据收集采用了多级复核、较大比例重复收集进行比照核对等方法应对，但一定程度上，仍然受困于某些限制。也部分基于这个原因，在案例分析中，我们根据案例公司创造性产出形式的具体表现情况只采用了发明专利申请数计量创造性产出水平。

（3）不同企业在不同年度中的创造性产出往往存在较大差异，为此，我们主要使用了面板数据固定效应进行拟合，但限于研究精力和时间限制，我们只获取了 4 年的数据，时间较短。特别地，在检验薪酬差距对未来创造性产出的影响时，只使用了 3 年的数据进行估计，未能对薪酬差距的滞后激励效应进行更多期间的检验。

二、未来研究方向

从已获得的结论以及所面临的研究局限出发，本书认为，未来在薪酬差距与创造性产出的相关研究中可能有以下两点值得关注：

（1）本书主要使用了 2007～2010 年中国制造业上市公司样本，另外选取了信息产业的公司进行了单案例研究。在未来的研究中，可以考虑进一步扩大样本范围和时间范围，将其他行业包括进来，检验薪酬差距与创造性产出关系受行业因素影响的程度。

（2）薪酬差距对创造性产出的激励处于复杂的组织情境中，未来的研究可以尝试考察其他如企业战略导向等管理变量对两者关系的影响。

参考文献

[1] 鲍尔斯著．微观经济学：行为，制度和演化 [M]．北京：中国人民大学出版社，2006.

[2] 陈德球，步丹璐．管理层能力、权力特征与薪酬差距 [J]．山西财经大学学报，2015 (3)：91－101.

[3] 陈丁，张顺．薪酬差距与企业绩效的倒“U”型关系研究——理论模型与实证探索 [J]．南开经济研究，2010 (5)：35－45.

[4] 陈柳，刘志彪．本土创新能力、FDI 技术外溢与经济增长 [J]．南开经济研究，2006 (3)：90－101.

[5] 陈震，张鸣．高管层内部的级差报酬研究 [J]．中国会计评论，2006，4 (1)：15－28.

[6] 谌新民，刘善敏．上市公司经营者报酬结构性差异的实证研究 [J]．经济研究，2003 (8)：55－63.

[7] 程新生，宋文洋，程菲．高管员工薪酬差距、董事长成熟度与创造性产出研究 [J]．南京大学学报（哲学·人文科学·社会科学），2012 (4)：47－59.

[8] 邓可斌，丁重．中国为什么缺少创造性破坏？[J] 经济研究，2010 (6)：66－79.

[9] 丁重，张耀辉．制度倾斜、低技术锁定与中国经济增长 [J]．中国工业经济，2009 (11)：16－24.

[10] 方军雄．高管权力与企业薪酬变动的非对称性 [J]．经济研究，2011 (4)：107－120.

[11] 傅世侠．创新、创造与原发创造性 [J]．科学技术与辩证

法，2002（2）：39－42.

［12］高良谋，李宇．企业规模与技术创新倒“U”关系的形成机制与动态拓展［J］．管理世界，2009（8）：113－123.

［13］古利平，张宗益，康继军．专利与R&D资源：中国创新的投入产出分析［J］．管理工程学报，2006（1）：147－151.

［14］郭桂梅，段兴民．个体特征对员工创造性的影响研究综述［J］．科技进步与对策，2007（10）：206－210.

［15］哈里·E. 威尔金森，查尔斯·D. 奥斯，罗伯特·C. 本法瑞等．激励理论：一种集合的运行模型［J］．山西财经大学学报，1988（1）：72－78.

［16］贺小刚，李新春．企业家能力与企业成长：基于中国经验的实证研究［J］．经济研究，2005（10）：101－111.

［17］黄辉．高管薪酬的外部不公平、内部差距与企业绩效［J］．经济管理，2012（7）：81－92.

［18］胡荣．社会经济地位与网络资源［J］．社会学研究，2003（5）：58－69.

［19］姜付秀，伊志宏，苏飞等．管理者背景特征与企业过度投资行为［J］．管理世界，2009（1）：130－139.

［20］詹姆斯·库泽斯，巴里·波斯纳．领导力（第三版）［M］．北京：电子工业出版社，2004.

［21］李青原，陈晓，王永海．产品市场竞争、资产专用性与资本结构——来自中国制造业上市公司的经验证据［J］．金融研究，2007（4）：100－113.

［22］李绍龙，龙立荣和贺伟．高管团队薪酬差异与企业绩效关系研究：行业特征的跨层调节作用［J］．南开管理评论，2012，15（4）：55－65.

［23］黎文靖，胡玉明．国企内部薪酬差距激励了谁［J］？经济研究，2012（12）：125－136.

［24］李焰，秦义虎，张肖飞．企业产权、管理者背景特征与投资效率［J］．管理世界，2011（1）：135－144.

［25］梁莱歆，马如飞，田元飞. R&D 资金筹集来源与企业技术创新——基于我国大中型工业企业的实证研究［J］. 科学学与科学技术管理，2009（7）：89－93.

［26］梁莱歆，马如飞. R&D 资金管理与企业自主创新——基于我国信息技术类上市公司的实证分析［J］. 财经研究，2009（8）：49－59.

［27］林浚清，黄祖辉，孙永祥. 高管团队内部薪酬差距、公司绩效和治理结构［J］. 经济研究，2003（4）：31－40.

［28］刘春，孙亮. 薪酬差距与企业绩效：来自国企上市公司的经验证据［J］. 南开管理评论，2010，13（2）：30－39.

［29］刘星，赵红. 外商直接投资对我国自主创新能力影响的实证研究——基于省级单位的面板数据分析［J］. 管理世界，2009（6）：170－171.

［30］卢锐. 管理层权力、薪酬差距与绩效［J］. 南方经济，2007（7）：60－69.

［31］卢锐，魏明海，黎文靖. 管理层权力、在职消费与产权效率——来自中国上市公司的证据［J］. 南开管理评论，2008，11（5）：85－92.

［32］鲁海帆. 高管团队内部货币薪酬差距与公司业绩关系研究——来自中国 A 股市场的经验证据［J］. 南方经济，2007（4）：34－44.

［33］鲁海帆. 高管团队内薪酬差距、风险与公司业绩——基于锦标赛理论的实证研究［J］. 经济管理，2011（12）：93－99.

［34］吕峻. 异质性企业、薪酬差距与企业绩效［J］. 财经问题研究，2014（1）：71－79.

［35］缪毅，胡奕明. 产权性质、薪酬差距与晋升激励［J］. 南开管理评论，2014，17（4）：4－12.

［36］蒲勇健，郭心毅，陈斌. 基于公平偏好理论的激励机制研究［J］. 预测，2010（3）：6－11.

［37］邵云飞，谭劲松. 区域技术创新能力形成机理探析［J］.

管理科学学报，2006（8）：1－11.

［38］石永拴，杨红芬．高管团队内外部薪酬差距对公司未来绩效影响的实证研究［J］．经济经纬，2013（1）：104－108.

［39］宋增基，夏铭．行长薪酬、薪酬差距与银行绩效［J］．财经研究，2011（10）：135－144.

［40］孙杨，许承明，夏锐．研发资金投入渠道的差异对科技创新的影响分析——基于偏最小二乘法的实证研究［J］．金融研究，2009（9）：165－174.

［41］覃予．公平偏好、企业内部薪酬不公平与企业业绩［D］．厦门大学博士论文，2009.

［42］覃予，傅元略和杨隽萍．高管薪酬激励是否应兼顾分配公平［J］．财经研究，2013（8）：110－121.

［43］特丽莎·M. 艾曼贝尔．创造性社会心理学［M］．上海：上海社会科学院出版社，1987.

［44］王端旭，洪雁．领导支持行为促进员工创造力的机理研究［J］．南开管理评论，2010，13（4）：109－114.

［45］王怀明，史晓明．高管员工薪酬差距对企业绩效影响的实证分析［J］．经济与管理研究，2009（8）：23－27.

［46］王克敏，王志超．高管控制权、报酬与盈余管理——基于中国上市公司的实证研究［J］．管理世界，2007（7）：111－119.

［47］王永乐，吴继忠．中华文化背景下薪酬差距对我国企业绩效的影响——兼对锦标赛理论和行为理论适用对象的确认［J］．当代财经，2010（9）：59－64.

［48］文茂伟．系统论视阈中的领导“图景”演进——百年西方领导理论发展评析［J］．理论探讨，2008（1）：147－149.

［49］翁明祥，蔡兆哲．企业技术能力、海外投资动机/方式、投资环境与技术转移绩效关系之研究［C］．台北：CBGM 企业跨国经营管理研讨会，1996.

［50］吴和成．基于截面数据的专利与科技投入关系实证研究［J］．科研管理，2008（5）：98－104.

[51] 吴育辉，吴世农．企业高管自利行为及其影响因素研究——基于我国上市公司股权激励草案的证据 [J]．管理世界，2010（5）：141－149.

[52] 武欣，张厚粲．创造力研究的新进展 [J]．北京师范大学学报（社会科学版），1997（1）：13－18.

[53] 夏宁，董艳．高管薪酬、员工薪酬与公司的成长性——基于中国中小上市公司的经验数据 [J]．会计研究，2014（9）：89－95.

[54] 肖东升，高示佳，谢荷锋．高管—员工薪酬差距、高管控制权与企业成长性——基于中小板上市公司面板数据的实证分析 [J]．华东经济管理，2014（5）：117－122.

[55] 胥佚萱．企业内部薪酬差距、经营业绩与公司治理——来自中国上市公司的经验证据 [J]．山西财经大学学报，2010（7）：86－93.

[56] 杨兰蓉．国家科技奖励获奖项目继续研究开发的意义及需求分析 [J]．中国行政管理，2009（3）：54－56.

[57] 叶康涛，王春飞和祝继高．提高劳动者工资损害公司价值吗 [J]．财经研究，2013（6）：133－144.

[58] 曾湘泉．当前城镇职工收入分配中的两个突出问题：收入差距过大与平均主义 [N]．人民日报，2002 年 2 月 26 日，第九版．

[59] 张光磊，刘善仕．企业能力与组织结构对自主创新的影响——基于中国国有企业的实证研究 [J]．管理学报，2012（3）：408－414.

[60] 张剑．影响员工的组织情境因素及动机机制研究 [D]．首都师范大学博士论文，2003.

[61] 张剑，岳红．我国企业创造性组织情境因素研究 [J]．科学学研究，2007（6）：523－527.

[62] 张剑，冯俭，李凌云．领导对员工的影响机制研究 [J]．北京科技大学学报（社会科学版），2009（12）：38－42.

[63] 张剑，董荔，田一凡．促进还是阻碍：情感对员工的影响

[J]. 心理科学进展，2010，18（6）：955－962.

[64] 张剑，郭德俊．创造性组织情境的动机机制研究［J］．中国管理科学，2006（8）：141－148.

[65] 张剑，王维才．创造性组织环境研究的新进展［J］．北京科技大学学报（社会科学版），2005（4）：82－86.

[66] 张倩肖，冯根福．三种R&D溢出与本地企业技术创新——基于我国高技术产业的经验分析［J］．中国工业经济，2007（11）：64－72.

[67] 张兆国，刘永丽，谈多娇．管理者背景特征与会计稳健性——来自中国上市公司的经验证据［J］．会计研究．2011（7）：11－18.

[68] 张正堂．高层管理团队协作需要、薪酬差距和企业绩效：竞赛理论的视角［J］．南开管理评论，2007，10（2）：4－11.

[69] 张正堂．企业内部薪酬差距对组织未来绩效影响的实证研究［J］．会计研究，2008（9）：81－87.

[70] 赵兰香．国立科研机构薪酬制度有效性分析［J］．科研管理，2004（2）：135－139.

[71] 赵睿．高管—员工薪酬差距与企业绩效——基于中国制造业上市公司面板数据的实证研究［J］．经济管理，2012（5）：96－104.

[72] 周权雄，朱卫平．国企锦标赛激励效应与制约因素研究［J］．经济学（季刊），2010（1）：571－596.

[73] 周婷婷，韩忠雪．产品市场竞争与现金持有——基于高管变更的调节效应［J］．管理科学，2010（6）：2－13.

[74] 周莹莹．从我国科研产出的三个统计指标看科研成果评价体制［J］．中国农业大学学报，2004（4）：89－92.

[75] 朱平芳，徐伟民．政府的科技激励政策对大中型工业企业R&D投入及其专利产出的影响——上海市的实证研究［J］．经济研究，2003（6）：45－53.

[76] 朱月仙，方曙．专利申请量与R&D经费支出关系的研究

[J]. 科学学研究，2007 (7)：123 - 127.

[77] Acs ZJ, Anselin L and Varga A. Patents and innovation counts as measures of regional production of new knowledge [J]. Research Policy, 2002 (31) 1069 - 1085.

[78] Adams JS. Toward an understanding of inequity [J]. Journal of Abnormal and Social Psychology, 1963, 67 (5): 422 - 436.

[79] Adarves-Yorno I, Postmes T. and Haslam SA. Social identity and the recognition of creativity in groups [J]. The British Journal of Social Psychology, 2006, 45 (3): 479 - 497.

[80] Amabile TM. Stimulate creativity by fueling passion. In: Locke EA. Eds., Handbook of Principles of Organizational Behavior. Oxford: Blackwell, 2000.

[81] Amabile TM, Schatzel EA, Moneta GB, Kramer SJ. Leader behaviors and the work environment for creativity: Perceived leader support [J]. Leadership Quarterly, 2004 (15): 5 - 32.

[82] Amabile TM. The social psychology of creativity: a componential conceptualization [J]. Journal of Personality and Social Psychology, 1983, 45 (2): 357 - 376.

[83] Amabile TM. Creativity in context [M]. Boulder, CO: Westview, 1996.

[84] Amabile TM. Motivating creativity in organizations: on doing what you love and loving what you do [J]. California Management Review, 1997 (40): 39 - 58.

[85] Amabile TM and Conti R. Changes in the work environment for creativity during downsizing [J]. Academy of Management Journal, 1999, 42 (6): 630 - 640.

[86] Amabile TM. The social psychology of creativity: a consensual assessment technique [J]. Journal of Personality and Social Psychology, 1982, 43 (5): 997 - 1013.

[87] Amabile TM, Barsade SG, Mueller JS, et al. Affect and crea-

tivity at work [J]. Administrative Science Quarterly, 2005, 50 (3): 367 -403.

[88] Amabile TM, Conti R, Coon H, et al. Assessing the work environment for creativity [J]. Academy of Management Journal, 1996 (39): 1154 -1184.

[89] Amabile TM, Hennessey BA and Grossman B. Social influences on creativity: The effects of contracted for reward [J]. Journal of Personality and Social Psychology, 1986, 50 (1): 14 -23.

[90] Arrow KJ. Optimal and voluntary income redistribution. In: Rosenfield S. Eds. Economic welfare and the economics of soviet socialism: essays in Honor of Abram Bergson. Cambridge: Cambridge University Press, 1981.

[91] Arundel A, Kabla I. What percentage of innovations are patented? Empirical estimates for European firms [J]. Research Policy, 1998 (27): 127 -141.

[92] Baer M, Oldham GR and Cummings A. Rewarding creativity: When does it really matter? [J] Leadership Quarterly, 2003 (14): 569 -586.

[93] Basade SG and Gibson DE. Why does affect mater in organizations? [J] Academy of Management Perspectives, 2007, 21 (1): 36 -59.

[94] Bass BM. Transformational leadership: industrial, military and educational impact [M]. Mahwah, NJ: Lawrence Erlbaum, 1997.

[95] Bass BM. Leadership and performance beyond expectations [M]. New York, Free Press. 1985.

[96] Bass BM and Avolio BJ. MLQ multifactor leadership questionnaire for research: permission set [M]. Redwood City, CA: Mindgarden, 1995.

[97] Bebchuk LA, Grinstein Y and Peyer U. Lucky CEOs and lucky directors [J]. The Journal of Finance, 2010, 65 (6): 2363 -2401.

[98] Bebchuk LA, Fried J and Walker DI. Managerial power and rent rxtraction in the design of executive compensation [J]. The University of Chicago Law Review, 2002 (69): 751 -846.

[99] Becker BE and Huselid MA. The incentive effects of tournament compensation systems [J]. Administrative Science Quarterly, 1992, 37 (2): 336 -350.

[100] Bennis W and Nanus B. The strategies for taking charge [M]. New York: HarperCollins, 1985.

[101] Bingley P and Eriksson T. Pay spread and skewness, employee effort and firm productivity. Working paper 01 -2, Aarhus University, 2001.

[102] Bloom M. The performance effects of pay dispersion on individuals and organizations [J]. The Academy of Management Journal, 1999, 42 (1): 25 -40.

[103] Bolton GE and Ockenfels A. A theory of equity, reciprocity and competition [J]. American Economic Review, 2000 (100): 166 -193.

[104] Borghini S. Organizational creativity: breaking equilibrium and order to innovate [J]. Journal of Knowledge Management, 2005, 9 (4): 19 -33.

[105] Brief AP and Weiss HM. Organizational behavior: affect in the workplace [J]. Annual Review of Psychology, 2002 (53): 279 -307.

[106] Bryman A. Charisma and leadership in organizations [M]. London: Sage, 1992.

[107] Burleson W and Selker T. Creativity and interface [J]. Communications of the ACM, 2002, 45 (10): 89 -90.

[108] Carmeli A and Halevi MY. How top management team behavioral integration and behavioral complexity enable organizational ambidexterity: the moderating role of contextual ambidexterity [J]. Leadership Quarterly, 2009 (20): 207 -218.

[109] Carter ME and Lynch JL. An examination of executive stock

option repricing [J]. Journal of Financial Economics, 2001 (61): 207-225.

[110] Certo ST, Lester RH, Dalton CM, et al. Top management teams, strategy and financial performance: a meta-analytic examination [J]. Journal of Management Studies, 2006 (43): 813-839.

[111] Charness G and Kuhn PJ. Do co-workers' wages matter? theory and evidence on wage secrecy, wage compression and effort. IZA Discussion Papers No. 1417, 2004: 1-47.

[112] Charness G and Rabin M. Understanding social preferences with simple tests [J]. Quarterly Journal of Economics, 2002 (91): 151-172.

[113] Chen J, Ezzamel M, Cai Z. Managerial Power Theory, Tournament Theory, and Executive Pay in China [J]. Journal of Corporate Finance, 2011, 17 (4), 1176-1199.

[114] Conger JA and Kanungo RN. Charismatic leadership in organizations [M]. Thousand Oaks, CA: Sage, 1998.

[115] Conyon MJ and Peck SI. Board control, remuneration committees and top management compensation [J]. Academy of Management Journal, 1998, 41 (2): 146-157.

[116] Core JE, Holthansen RW and Larcker DF. Corporate governance, chief Executive officer compensation and firm performance [J]. Journal of Financial Economics, 1999 (51): 371-406.

[117] Cowherd DM and Levine DI. Product quality and pay equity between lower-level employees and top management: an investigation of distributive justice theory [J]. Administrative Science Quarterly, 1992, 37 (2): 302-320.

[118] Cropanzano R and Greenberg J. Progress in organizational justice: tunneling through the maze. In: Cooper CL and Robertson IT. Eds. International review of industrial and organizational psychology. New York: John Wiley & Sons, 1997.

［119］ Crosby F. Relative Deprivation in organizational settings ［J］. Research in Organizational Behavior, 1984 (6): 51 –93.

［120］ Csikszentmihalyi M. Creativity: Flow and the psychology of discovery and invention ［M］. New York: HarperCollins, 1996.

［121］ Day DV and Lord RG. Executive leadership and organizational performance: suggestions for a new theory and methodology ［J］. Journal of Management, 1988 (14): 453 –464.

［122］ Deci EL and Ryan RM. Intrinsic Motivation and Self-determination in Human Behavior ［M］. New York: Plenum Press, 1985.

［123］ Deci EL. The effects of contingent and noncontingent rewards and controls on intrinsic motivation ［J］. Organizational Behavior and Human Performance. 1972, 8 (2): 217 –229.

［124］ Ding DZ, Akhtar S, Ge G L. Effects of inter-and intra-hierarchy wage dispersions on firm performance in Chinese enterprises ［J］. International Journal of Human Resource Management, 2009, (20): 2370 –2381.

［125］ Douganthony. The new international division of labor in Asian electronics work organization and human resources in Japan and Malaysia ［J］. Journal of Management Studies, 2001, 4 (5): 675 –696.

［126］ Dufwenberg M and Kirchsteiger G. A theory of sequential reciprocity ［J］. Games and Economic Behavior, 2004 (47): 268 –298.

［127］ Dur R and Glazer A. Optimal incentive contracts for a worker who envies his boss. Cesifo Working Paper Series No. 1282, 2004.

［128］ Dur R and Glazer A. Optimal contracts when a worker envies his boss ［J］. The Journal of Law, Economics and Organization, 2008, 24 (1): 120 –137.

［129］ Ehrenberg RG and Bognanno ML. Do tournaments have incentive effects? ［J］. The Journal of Political Economy, 1990, 98 (6): 1307 –1324.

［130］ EI-Murad J and West DC. The definition and measurement of creativity: what do we know? ［J］. Journal of Advertising Research, 2004

(6): 188 -201.

[131] Eisenberger R and Armeli S. Can salient reward increase creative performance without reducing intrinsic creative interest? [J]. Journal of Personality and Social Psychology, 1997 (72): 652 -663.

[132] Eisenberger R and Rhoades L. Incremental effects of reward on creativity [J]. Journal of Personality and Social Psychology, 2001 (81): 728 -741.

[133] Eisenberger R and Shanock L. Rewards, intrinsic motivation and creativity: A case study of conceptual and methodological isolation [J]. Creativity Research Journal, 2003 (15): 121 -130.

[134] Erez M and Zidon I. Effect of goal acceptance on the relationship of goal difficulty to performance [J]. Journal of Applied Psychology, 1984 (69): 69 -78.

[135] Eriksson T. Executive compensation and tournament theory: empirical tests on Danish data [J]. Journal of Labor Economics, 1999, 17 (2): 262 -280.

[136] Fehr E and Schmidt KM. Theory of fairness, competition and cooperation [J]. Quarterly Journal of Economics, 1999 (114): 817 -868.

[137] Festinger L. A theory of social comparison processes [J]. Human Relations, 1954 (7): 117 -140.

[138] Finkelstein S and Hambrick DC. Strategic leadership: top executives and their effects on organizations [M]. St. Paul: West, 1996.

[139] Frick B, Prinz J and Winkelmann K. Pay inequalities and team performance: empirical evidence from the North American major leagues [J]. International Journal of Manpower, 2003, 24 (4): 472 -488.

[140] Furman JL, Porter ME and Stern S. The determinants of national innovative capacity [J]. Research Policy. 2002 (31): 899 -933.

[141] Gayle PG. Market concentration and innovation: new empirical evidence on the schumpeterian hypothesis. Discussion Papers in Economics, Center for Economics Analysis University of Colorado, 2001

(10): 1 -14.

[142] George JM and Zhou J. Dual tuning in a supportive context: joint contributions of positive mood, negative mood and supervisory behaviors to employee creativity [J]. Academy of Management Journal. 2007, 50 (3): 605 -622.

[143] George JM and Zhou J. Understanding when bad moods foster creativity and good ones don't: The role of context and clarity of feeling [J]. Journal of Applied Psychology, 2002, 87 (4): 687 -697.

[144] Geraldine AW. The effect of going public on innovative productivity and exploratory search [J]. Organization Science, 2011, Articles in Advance: 1 -23.

[145] Gibbons R and Murphy KJ. Relative performance evaluation for chief executive officers [J]. Industrial and Labor Relations Review, 1990, 43 (3): 30S -51S.

[146] Gill R. Essays on leadership [M]. Ross-on-Wye: The Leadership Trust Foundation, 2001.

[147] Gilmartin MJ. Creativity: the fuel of innovation [J]. Nursing Administration Quarterly, 1999, 23 (2): 1 -8.

[148] Gough HG. A creative personality scale for the adjective check list [J]. Journal of Personality and Social Psychology, 1979, 37 (8): 1398 -1405.

[149] Green JR and Stokey NL. A comparison of tournaments and contracts [J]. The Journal of Political Economy, 1983, 91 (3): 349 -364.

[150] Griliches Z. Patent statistics as economic indicators: a survey [J]. Journal of Economic Literature. 1990 (28): 1661 -1707.

[151] Grund C and Sliwka D. Envy and compassion in tournaments. Journal of Economics & Management Strategy, 2005, 14 (1): 187 -207.

[152] Guilford JP. The nature of human intelligence [M]. New York: McGraw-Hill, 1967.

[153] Hambrick DC and Mason PA. Upper Echelons: the organization as a reflection of its top managers [J]. Academy of Management Review, 1984, 9 (2): 193 -206.

[154] Hennessey BA. Self-determination theory and the social psychology of creativity [J], Psychological Inquiry, 2000, 11 (4): 293 -298.

[155] Heyman F. Pay inequality and firm: evidence from matched employer-employee data [J]. Applied Economics. 2005, 37 (11): 1313 -1327.

[156] Hibbs DAJ and Locking H. Wage dispersion and productive efficiency: evidence for Sweden [J]. Journal of Labor Economics, 2000, 18 (4): 755 -782.

[157] Hirt ER, Melton RJ and McDonald HE, et al. Processing goals, task interest and mood-performance relationship: A mediational analysis [J]. Journal of Personality and Social Psychology, 1996, 71 (2): 245 -261.

[158] Hitt HA, Hoskisson RE and Kim H. International diversification: Effects on innovation and firm performance in product-diversified firms [J]. Academy of Management Journal, 1997, 40 (4): 767 -798.

[159] Hoechle D. Robust standard error for panel regression with cross-sectional dependence? [J]. The Stata Journal, 2007 (3): 281 -312.

[160] Hopp V. From crisis in education and innovation to social crisis [J]. Global Journal of Engineering Education, 1998, 2 (2): 125 -129.

[161] House RJ. A 1976 theory of charismatic leadership, In: Hunt JG and Larson LL. Eds. Leadership: the Cutting Edge. Carbondale: Southern Illinois University Press, 1977.

[162] Hu F, Pan X F, Gary Tian. Does CEO pay dispersion matter in an emerging market? Evidence from China's listed firms [J]. Pacific-Basin Finance Journal, 2013 (24): 235 -255.

[163] Hunt J. Transformational/charismatic leadership's transformation of the field: A historical essay [J]. Leadership Quarterly, 1999, 10 (2): 129 -144.

[164] Isen AM, Johnson MMS and Mertz E, et al. The influence of positive affect on the unusualness of word associations [J]. Journal of Personality and Social Psychology, 1985, 48 (6): 1413 – 1426.

[165] James K, Brodersen M and Eisenberg J. Workplace affect and workplace creativity: A review and preliminary model [J]. Human Performance, 2004, 17 (2): 169 – 194.

[166] Januszewski IS, Koke J and Winter J. Product market competition, corporate governance and firm performance: an empirical analysis for Germany [J]. Research in Economics, 2002, 56 (3): 299 – 332.

[167] Jensen MC and Meckling WH. Theory of the firm: managerial behavior, agency costs, and ownership structure [J]. Journal of Financial Economics, 1976, 3 (4): 305 – 360.

[168] Kahneman D and Tversky A. Choices, values and frames [M]. Cambridge: Cambridge University Press, 2000.

[169] Kale JR, Reis E and Venkateswaran A. Rank-order rournaments and incentive alignment: the effect on firm performance [J]. The Journal of Finance, 2009, 64 (3): 1479 – 1509.

[170] Kato T and Long CX. Tournaments and managerial incentives in China's listed firms: new evidence. China Economic Review, 2011, 22 (1): 1 – 10.

[171] Kaufmann G and Vosburg SK. Paradoxical effects of mood on creative problem solving [J]. Cognition and Emotion, 1997, 11 (2): 151 – 170.

[172] Kochhar R and David P. Institutional investors and firm innovation: A test of competing hypothesis [J]. Strategic Management Journal, 1996, 17 (1): 73 – 84.

[173] Koeller CT. Innovation, market firm size: a simultaneous equations model [J]. Managerial and Decision Economics, 1995, 16 (3): 259 – 269.

[174] Kor YY and Mahoney JT. How dynamic, management and

governance of resource deployments influence firm level performance [J]. Strategic Management Journal, 2005 (26): 489 –496.

[175] Kouzes JM and Posner BZ. The leadership challenge [M]. San Francisco: Jossey-Bass, 2007.

[176] Lazear E and Rosen S. Rank order tournaments as optional labor contracts [J]. Journal of Political Economy, 1981 (10): 841 –864.

[177] Lee KW, Lev B and Yeo GHH. Executive pay dispersion, corporate governance and firm performance [J]. Review of Quantitative Finance and Accounting, 2008, 30 (3): 315 –338.

[178] Lester SW and Kickul J. Psychological contracts in the 21st century: what employees' value most and how well organizations are responding to these expectations [J]. Human Resource Planning, 2001, 24 (1): 10 –21.

[179] Lin C, Shen W and Su DW. Corporate tournament and executive compensation in a transition economy: evidence from publicly listed firms in China. IZA Discussion Papers No. 1767, 2005.

[180] Locke EA and Latham GP. A theory of goal setting and task performance [M]. Englewood Cliffs, NJ: Prentice Hall, 1990.

[181] Lord R and Brown D. Leadership processes and follower self-identity [M]. Mahwah NJ: Lawrence Erlbaum Associates, 2004.

[182] Lunn J. An Empirical analysis of process and product patenting: a simultaneous equation framework [J]. Journal of Industrial Economics, 1986, 34 (3): 319 –330.

[183] Madjar N, Oldham GR and Pratt MG. There's no place like home? The contributions of work and non-work creativity support to employees' creative performance [J]. Academy of Management Journal, 2002, 45 (4): 757 –767.

[184] Main BGM, O' Reilly CA and Wade J. Top executive pay: Tournament or teamwork? [J] Journal of Labor Economics, 1993, 11 (4): 606 –628.

[185] Martin LL and Stoner P. Mood as input: What we think about how we feel determines how we think. In: Martin LL and Tesser A. Eds. Mahwah, NJ: Erlbaum, 1996.

[186] Martin LL, Ward DW, Achee JW, et al. Mood as input: people have to interpret the motivational implications of their moods [J]. Journal of Personality and Social Psychology, 1993, 64 (3): 317-326.

[187] Martins PS. Dispersion in wage premiums and firm performance [J]. Economics Letters, 2008, 101 (1): 63-65.

[188] Mayer RE. Fifty years of creativity research. In: Sternberg RJ. Eds. Handbook of Creativity. Cambridge: Cambridge University Press, 1999.

[189] Messick DM. On the psychological exchange between leaders and followers. In: Messick DM and Kramer RM. Eds. The psychology of leadership: New perspectives and research. Mahwah, NJ: Erlbaum, 2005.

[190] Mumford MD and Gustafson SB. Creativity syndrome: integration, application and innovation [J]. Psychological Bulletin, 1988, 103 (1): 27-43.

[191] Nonaka I. The knowledge-creating company [J]. Harvard Business Review, 1991 (69): 96-104.

[192] Oldham GR and Cummings A. Employee creativity: personal and contextual factors at work [J]. Academy of Management Journal, 1996 (39): 607-634.

[193] Perry-Smith JE and Shalley CE. The social side of creativity: a static and dynamic social network perspective [J]. Academy of Management Review, 2003 (28): 89-106.

[194] Pfeffer J and Langton N. The effect of wage dispersion on satisfaction, productivity and working collaboratively: evidence from college and university faculty [J]. Administrative Science Quarterly, 1993, 38 (3): 382-407.

[195] Porter ME. The competitive advantage of nations [J]. Harvard Business Review, 1990, 68 (2): 73-93.

[196] Rabin M. Incorporating fairness into game theory and economics [J]. American Economic Review, 1993, 83 (5): 1281 - 1302.

[197] Robinson SL and Rousseau DM. Violating the psychological contract: not the exception but the norm [J]. Journal of Organizational Behavior, 1994, 15 (3): 245 - 259.

[198] Robinson SL. Trust and breach of the psychological contract [J]. Administrative Science Quarterly, 1996, 41 (4): 574 - 599.

[199] Rosen S. Prizes and incentives in elimination tournaments [J]. American Economic Review, 1986 (76): 701 - 715.

[200] Runciman WG. Relative deprivation and social justice: a study of attitudes to social inequality in twentieth-century England [M]. Berkeley: University of California Press, 1966.

[201] Samuelson PA. Altruism as a problem involving group versus individual selection in economics and biology [J]. American Economic Review, 1993, 83 (2): 143 - 148.

[202] Sashkin M and Sashkin MG. Leadership that matters [M]. San Francisco: Berrett-Koehler, 2003.

[203] Schaffer BS. The nature of goal congruence in organizations [J]. Supervision, 2007, 68 (8): 13 - 17.

[204] Scott SG and Bruce RA. Determinants of innovative behavior: A path model of individual innovation in the workplace [J]. Academy of Management Journal, 1994, 37 (3): 580 - 607.

[205] Sen A. Rationality and social choice [J]. American Economic Review, 1995 (85): 1 - 24.

[206] Shalley CE and Oldham GR. Competition and creative performance: Effects of competitor presence and visibility [J]. Creativity Research Journal, 1997 (10): 337 - 345.

[207] Shamir B, House RJ and Arthur MB. The motivational efforts of charismatic leadership: a self-concept based theory [J]. Organization Science, 1993, 4 (4): 577 - 594.

[208] Shan WJ, Walker GW and Kogut B. Interfirm cooperation and startup innovation in the biotechnology industry [J]. Strategic Management Journal, 1994, 15 (5): 387 -394.

[209] Shin SJ and Zhou J. Transformational leadership, conservation and creativity: Evidence from Korea [J]. Academy of Management Journal, 2003 (46): 703 -714.

[210] Smith DK, Paradice DB and Smith SM. Prepare your mind for creativity [J]. Communications of the ACM, 2000, 43 (7): 111 -116.

[211] Stajkovic AD and Luthans F. Self-efficacy and work-related performance: A meta-analysis [J]. Psychological Bulletin, 1998, 124 (2): 294 -261.

[212] Sternberg RJ. The nature of creativity [M]. Cambridge: Cambridge University Press, 1988.

[213] Styhre A. Organization creativity and the empiricist image of novelty [J]. Creativity and Innovation Management, 2006, 15 (2): 143 -149.

[214] Suls JM and Wheeler L. Handbook of social comparison: Theory and research [M]. New York: Plenum Press, 2000.

[215] Therney P and Famer M. An examination of leadership and employee creativity: there relevance of traits and relationship [J]. Personality Psychology, 1999, 52 (3): 591 -621.

[216] Tierney P and Farmer SM. Creative self-efficacy: Potential antecedents and relationship to creative performance [J]. Academy of Management Journal, 2002 (45): 1137 -1148.

[217] Tierney P, Farmer SM and Graen GB. An examination of leadership and employee creativity: the relevance of traits and relationships [J]. Personnel Psychology, 1999 (52): 591 -620.

[218] Tosi HL, Werner S and Katz JP, et al. How much does performance matter? a meta-analysis of CEO pay studies [J]. Journal of Management, 2000, 26 (2): 301 -339.

[219] Vosburg SK. The effects of positive and negative mood on divergent thinking performance [J]. Creative Research Journal, 1998, 11 (2): 165 – 172.

[220] Wood A. Managing employees' ideas: from where do ideas come? [J] Journal for Quality and Participation, 2003, 26 (2): 22 – 26.

[221] Woodman RW, Sawyer JE and Griffin RM. Toward a theory of organizational creativity [J]. Academy of Management Review, 1993 (18): 293 – 321.

[222] Ying-Fen Lin, Yaying Mary Chou Yeh, Yu-Ting Shih. Tournament theory's perspective of executive pay gaps [J]. Journal of Business Research, 2013 (66): 585 – 592.

[223] Yueh L. Wage reforms in China during the 1990s [J]. Asian Economic Journal, 2004 (18): 149 – 164.

[224] Zaccaro SJ and Horn ZNJ. Leadership theory and practice: fostering an effective symbiosis [J]. Leadership Quarterly, 2003 (14): 769 – 806.

[225] Zald MN. The power and functions of boards of directors: a theoretical synthesis [J]. The American Journal of Sociology, 1969, 75 (1): 97 – 111.

[226] Zhou J and Shalley CE. Research on employee creativity: a critical review and directions for future research. In: Martocchio J. Eds. Research in personnel and human resource management. Oxford: Elsevier, 2003, 165 – 217.

[227] Zhou J. Feedback valence, feedback style, task autonomy and achievement orientation: interactive effects on creative performance [J]. Journal of Applied Psychology, 1998 (83): 261 – 276.

后　　记

时光飞逝，转眼间，博士毕业已经有5个年头，我来到山东师范大学任教也满5年。5年来，繁忙的教学工作之余，我也不断地推进着博士阶段已确立的研究主题，只是成果寥寥，不免遗憾；作为外乡人，我也逐渐适应并融入了济南的生活，走入婚姻，进入人生新的阶段。本书是以我的博士论文为基础完成的，算是对博士阶段即已开始的研究工作，再经毕业后5年来的后续探索拓展的部分工作做一总结，在此也特别感谢中国财政经济出版社及编辑段钢先生给予的机会和帮助。

算来本书的研究工作历时约8年，最终得以出版如今想来不仅感慨良多。2008年，我进入南开大学商学院会计学专业攻读博士学位，师从程新生教授。我的专业是会计学，学习和研究偏向管理会计领域，入学之后，程老师便开始提醒和督促我及早开始进行论文选题，并不定期地和我进行讨论。之后，我选定以业绩评价与激励作为研究方向，这一方向在近20年来持续收到了诸多会计学者的关注，历时2年后，最终我确立了博士论文的研究主题——高管员工薪酬差距、董事长特征与创造性产出，这一主题涉及激励、创新和公司治理，会计学、人力资源和公司治理研究领域以各自视角对每个变量都有独立的探讨，但尚未见有将其纳入统一框架和思路的研究。因此，在选题之初，我也曾彷徨和犹豫过，担心研究任务巨大难以如期完成；纠结之后我还是坚持了下来，后来想来觉得很庆幸并感到由衷的开心，因为这类跨专业的研究往往容易使人固有的思维受到冲击，使得我在艰难辛苦之余不时会品尝到思索和探究的乐趣。在这个过程中，我特别感谢程老师对我教导和帮助，在校期间他始终以饱满的学术热情引领着我，鼓励、激发我对学术的兴趣，培育我塑造耐心执着、永不放弃的学术精神；在数据收集的过程中，程老师更是给予了我很多直接的帮助；在论文写作的过程中，每每遇到才思枯竭时，他总会适时鼓励和鞭策我。没有程老师的指导和帮助，博士论文几乎是无法按时完成的，也就无法谈及本书的出版。读博期间，对于本书的选题和写作，商学院会计系刘志远教授、周晓苏教授、张继勋教授和周宝源副教授也以他们开阔的视野、清明的智慧、广博的知识和富有建设性的意见给了我很多启发和帮助，有些意见和建议在博士毕业的后续研究中我尝试进行了实施，有些还在思考和探索中，老师们的教诲于我受益匪浅，我铭记于心。

另外，本书的研究，我还十分感谢我的同门研究团队，包括李海萍博士、罗艳梅博士、孙毅博士、谭有超博士、郑毅博士、程菲博士、王亚妮博士以及刘建梅博士，在我读博最后两年实施本书主题的研究中，常常在课上和课下和我一起讨论和交流研究进程中的相关问题，王亚妮博士还参与了部分数据收集和整理工作，大家相互促进，感情日深，使我的研究能够顺利推进。与我一同入学的2008级会计系博士同学许骞、项二卫、徐昊、周琦、屈小兰、詹德超和孙毅，在我的学习、研究和生活中都给予了诸多关照，那些一起深夜挑灯讨论、爬山远足、把酒言欢的日子我将永远珍藏，没有你们，我的博士论文以及本书的研究出版可能是另外的过程。

2012年博士毕业后，我进入山东师范大学商学院工作，学校和学院的领导给了我相对宽松和积极的教学和科研环境，在本书的出版上也给予了极大的帮助；我的同事李燕博士，就案例部分和我进行过认真的探讨并给予了有价值的建议，我的学生王雪莹，为本书的案例部分收集和整理了部分资料，在此一并感谢。本书主题的后续研究和整理出版过程中，恰逢孩子年幼，感谢我的先生和婆婆帮我分担家务，照顾孩子，感谢父兄的鼓励和帮助，使得本书得以及时出版。8月里有母亲的忌日，她于我读博期间离世，我曾将我的博士论文献给她，本书亦如此，远在天堂的她得知应该会展颜一笑吧。8 年的研究过程艰辛漫长也充满快乐，要感谢的人太多，情意满溢，怎奈笔拙。逝水流年，愿大家安乐常在。

宋文洋

2017 年 8 月 17 日